浙江省高职院校"十四五"重点教材

职业教育·城市轨道交通类专业实训教材

城市轨道交通运营管理综合实训

沈 艳　颜文华　付 杰　主　编
　　　　　邵昀泓　杜 鹏　副主编
　　　　　白继平　高 超　主　审

班　　级：_____

姓　　名：_____

学　　号：_____

指导教师：_____

人民交通出版社股份有限公司

北　京

内 容 提 要

本书为浙江省高职院校"十四五"重点教材、职业教育城市轨道交通类专业实训教材,包含行车作业办理、信号故障处置、公共区火灾应急处置、站台门故障处置、手摇道岔作业、自动售票机(TVM)操作实训模块。本书可供职业教育城市轨道交通运营管理专业学生使用,也可作为行业人员培训教材使用。

本书配套丰富助教助学资源,请有需要的任课教师通过加入职教轨道教学研讨群(QQ号:129327355)获取。

图书在版编目(CIP)数据

城市轨道交通运营管理综合实训/沈艳,颜文华,付杰主编.—北京:人民交通出版社股份有限公司,2022.12(2025.7重印)

ISBN 978-7-114-18057-6

Ⅰ.①城… Ⅱ.①沈…②颜…③付… Ⅲ.①城市铁路—交通运输管理—职业教育…教材 Ⅳ.①U239.5

中国版本图书馆 CIP 数据核字(2022)第 105196 号

Chengshi Guidao Jiaotong Yunying Guanli Zonghe Shixun

书　　名:	城市轨道交通运营管理综合实训
著 作 者:	沈　艳　颜文华　付　杰
责任编辑:	钱　堃
责任校对:	孙国靖　刘　璇
责任印制:	张　凯
出版发行:	人民交通出版社股份有限公司
地　　址:	(100011)北京市朝阳区安定门外外馆斜街3号
网　　址:	http://www.ccpcl.com.cn
销售电话:	(010)85285911
总 经 销:	人民交通出版社股份有限公司发行部
经　　销:	各地新华书店
印　　刷:	北京市密东印刷有限公司
开　　本:	880×1230　1/16
印　　张:	11.75
字　　数:	301 千
版　　次:	2022 年 12 月　第 1 版
印　　次:	2025 年 7 月　第 2 次印刷
书　　号:	ISBN 978-7-114-18057-6
定　　价:	42.00 元

(有印刷、装订质量问题的图书,由本公司负责调换)

前言

城市轨道交通运营管理综合实训是为提升城市轨道交通运营管理专业学生岗位职业技能而设置的一门课程,主要培养学生对城市轨道交通车站工作组织方法、行车组织、突发状况处置的相关专业知识、操作技能的掌握能力,从而提高其业务技能和动手操作的能力。

随着城市轨道交通系统的快速发展,城市轨道交通行业迫切需要大量技术技能人才,特别是适应城市轨道交通"智能化""网络化"发展需求的综合性技术人才。

本教材以培养高素质、高技能人才为目标,依据《城市轨道交通服务员国家职业技能标准》《城市轨道交通行车值班员技能和素质要求 第1部分:地铁、轻轨和单轨》(JT/T 1002.1—2015)等标准,**融入职业院校技能大赛考核要求**,按照学习模块与企业岗位需求对接、实训内容与职业标准技能要求对接、任务实施过程与生产过程对接进行教学设计,以**郑州捷安高科股份有限公司的城市轨道交通服务员仿真实训软件**为基础编写了实训任务的作业程序、作业内容、配分、评分标准。

全书共分为6个模块、35个实训工作任务[包括上岗确认列车自动监控(ATS)工作站状态、自动售票机(TVM)开/关站作业等],由沈艳、颜文华、付杰担任主编,邵昀泓、杜鹏担任副主编,白继平、高超担任主审,模块1、模块2由颜文华、沈艳编写,模块3由邵昀泓、郑宇编写,模块4由沈艳、周静编写,模块5由沈艳、颜文华编写,模块6由沈艳编写。

由于编写者水平有限,书中难免存在疏漏和不足之处,恳请各位专家和广大读者批评指正。

编 者
2022年6月

二维码数字资源

序号	二维码名称	页码	活页页码
1	实训任务1.1　上岗确认ATS工作站状态	2	1-2
2	实训任务1.2　接收控制权操作、组织管辖车站范围内图定列车按计划运行	2	1-2
3	实训任务1.3　列车计划出段	2	1-2
4	实训任务1.4　行车作业办理列车计划入段	2	1-2
5	实训任务2.1　办理信号重开作业	23	2-3
6	实训任务2.2　列车出站紧急停车按钮点亮的处置	23	2-3
7	实训任务2.3　办理区故解作业	23	2-3
8	实训任务2.4　道岔单独操作	23	2-3
9	实训任务2.5　道岔单独锁闭	23	2-3
10	实训任务2.7　计轴受扰下的处置	23	2-3
11	实训任务3.1　站厅A端火灾	58	3-2
12	实训任务3.2　站厅B端火灾	58	3-2
13	实训任务3.3　站台A端火灾	58	3-2
14	实训任务3.4　站台B端火灾	58	3-2
15	实训任务4.1　单个站台门不能关闭	100	4-2
16	实训任务4.2　两个站台门不能关闭	100	4-2
17	实训任务4.3　单个站台门不能开启	100	4-2
18	实训任务4.4　单侧站台门不能开启	100	4-2
19	实训任务5　手摇道岔作业(定摇反)	110	5-2
20	实训任务5　手摇道岔作业(反摇定)	110	5-2
21	实训任务6.1　TVM开站作业	116	6-2
22	实训任务6.2　TVM关站作业	116	6-2
23	实训任务6.3　票箱空的处置	116	6-2
24	实训任务6.4　未输入补票数的处置	116	6-2
25	实训任务6.5　废票箱满的处置	116	6-2
26	实训任务6.6　废票箱未清零的处置	116	6-2
27	实训任务6.7　发卡模块卡票的处置	116	6-2
28	实训任务6.8　硬币回收钱箱满的处置	116	6-2
29	实训任务6.9　硬币回收钱箱未清零的处置	116	6-2
30	实训任务6.10　硬币专用找零钱箱空的处置	116	6-2
31	实训任务6.11　未输入硬币补币数的处置	116	6-2
32	实训任务6.12　纸币回收钱箱满的处置	116	6-2
33	实训任务6.13　纸币回收钱箱未清零的处置	116	6-2
34	实训任务6.14　纸币回收单元卡纸币的处置	116	6-2
35	实训任务6.15　纸币找零补币钱箱空的处置	116	6-2
36	实训任务6.16　未输入纸币补币数的处置	116	6-2

安全认知

1. 凡进入实训室进行任何实训操作前，须仔细阅读实训教材，按照实训要求做好准备，明确实训目的和操作程序，然后方能进行实训操作。

2. 实训过程中，学生必须遵守实训室安全管理规定，听从实训室管理人员的安排，按照各设备操作规程认真进行操作。

3. 实训过程中必须注意安全，掌握出现险情的处理办法，避免人身事故发生，防止损坏仪器设备，若出现异常，应立即向指导老师报告，在查明原因、排除故障后方可继续操作。

4. 爱护仪器设备，节约使用材料，认真完成实训任务，未经允许不得动用与本实训项目无关的仪器设备及其他物品，严禁将任何实训物品带出实训室。

5. 仪器设备不得开机过夜，如确有需要，必须采取必要的防范措施。特别要注意空调、电脑等也不得开机过夜。

6. 严禁在实训室内吸烟、饮食、私拉乱接电线、随意拆卸或改装仪器设备，不得在实训室内动用明火。

7. 实训结束后，应及时清理和打扫，保持实训室的干净和整洁。最后离开实训室者必须关闭电源、水源，关好门窗、灯具和空调等。

8. 严禁与实训无关的人员随意进出实训室，实训室管理人员和指导教师不得私自将实训室钥匙交予他人。

9. 对不安全环境及行为提高警觉，并把不安全情况及时向实训室负责人报告。

目录

二维码数字资源	I
安全认知	II

模块 1　行车作业办理 ··· 001
实训任务 1.1　上岗确认 ATS 工作站状态 ··· 003
实训任务 1.2　接收控制权操作、组织管辖车站范围内图定列车按计划运行 ··· 005
实训任务 1.3　列车计划出段 ··· 013
实训任务 1.4　列车计划入段 ··· 017

模块 2　信号故障处置 ··· 021
实训任务 2.1　办理信号重开作业 ··· 025
实训任务 2.2　列车出站紧急停车按钮点亮的处置 ··· 029
实训任务 2.3　办理区故解作业 ··· 037
实训任务 2.4　道岔单独操作 ··· 041
实训任务 2.5　道岔单独锁闭 ··· 045
实训任务 2.6　道岔单解 ··· 047
实训任务 2.7　计轴受扰下的处置 ··· 051

模块 3　公共区火灾应急处置 ··· 057
实训任务 3.1　站厅 A 端火灾处置 ··· 059
实训任务 3.2　站厅 B 端火灾处置 ··· 067
实训任务 3.3　站台 A 端火灾处置 ··· 081
实训任务 3.4　站台 B 端火灾处置 ··· 089

模块 4　站台门故障处置 ··· 099
实训任务 4.1　单个站台门不能关闭的处置 ··· 101
实训任务 4.2　两个站台门不能关闭的处置 ··· 103
实训任务 4.3　单个站台门不能开启的处置 ··· 105
实训任务 4.4　单侧站台门不能开启的处置 ··· 107

模块 5　手摇道岔作业 ··· 109
实训任务　手摇道岔作业 ··· 111

模块 6　TVM 操作 ··· 115
实训任务 6.1　TVM 开站作业 ··· 117
实训任务 6.2　TVM 关站作业 ··· 121

实训任务 6.3　TVM 票箱空的处置 ⋯⋯⋯⋯⋯⋯⋯⋯⋯⋯⋯⋯⋯⋯⋯⋯⋯⋯⋯⋯⋯⋯⋯⋯⋯ 125

实训任务 6.4　TVM 未输入补票数的处置 ⋯⋯⋯⋯⋯⋯⋯⋯⋯⋯⋯⋯⋯⋯⋯⋯⋯⋯⋯⋯⋯⋯ 129

实训任务 6.5　TVM 废票箱满的处置 ⋯⋯⋯⋯⋯⋯⋯⋯⋯⋯⋯⋯⋯⋯⋯⋯⋯⋯⋯⋯⋯⋯⋯⋯ 133

实训任务 6.6　TVM 废票箱未清零的处置 ⋯⋯⋯⋯⋯⋯⋯⋯⋯⋯⋯⋯⋯⋯⋯⋯⋯⋯⋯⋯⋯⋯ 137

实训任务 6.7　TVM 发卡模块卡票的处置 ⋯⋯⋯⋯⋯⋯⋯⋯⋯⋯⋯⋯⋯⋯⋯⋯⋯⋯⋯⋯⋯⋯ 141

实训任务 6.8　TVM 硬币回收钱箱满的处置 ⋯⋯⋯⋯⋯⋯⋯⋯⋯⋯⋯⋯⋯⋯⋯⋯⋯⋯⋯⋯⋯ 145

实训任务 6.9　TVM 硬币回收钱箱未清零的处置 ⋯⋯⋯⋯⋯⋯⋯⋯⋯⋯⋯⋯⋯⋯⋯⋯⋯⋯⋯ 149

实训任务 6.10　TVM 硬币专用找零钱箱空的处置 ⋯⋯⋯⋯⋯⋯⋯⋯⋯⋯⋯⋯⋯⋯⋯⋯⋯⋯ 153

实训任务 6.11　TVM 未输入硬币补币数的处置 ⋯⋯⋯⋯⋯⋯⋯⋯⋯⋯⋯⋯⋯⋯⋯⋯⋯⋯⋯ 157

实训任务 6.12　TVM 纸币回收钱箱满的处置 ⋯⋯⋯⋯⋯⋯⋯⋯⋯⋯⋯⋯⋯⋯⋯⋯⋯⋯⋯⋯ 161

实训任务 6.13　TVM 纸币回收钱箱未清零的处置 ⋯⋯⋯⋯⋯⋯⋯⋯⋯⋯⋯⋯⋯⋯⋯⋯⋯⋯ 165

实训任务 6.14　TVM 纸币回收单元卡纸币的处置 ⋯⋯⋯⋯⋯⋯⋯⋯⋯⋯⋯⋯⋯⋯⋯⋯⋯⋯ 169

实训任务 6.15　TVM 纸币找零补币钱箱空的处置 ⋯⋯⋯⋯⋯⋯⋯⋯⋯⋯⋯⋯⋯⋯⋯⋯⋯⋯ 173

实训任务 6.16　TVM 未输入纸币补币数的处置 ⋯⋯⋯⋯⋯⋯⋯⋯⋯⋯⋯⋯⋯⋯⋯⋯⋯⋯⋯ 177

参考文献 ⋯⋯⋯⋯⋯⋯⋯⋯⋯⋯⋯⋯⋯⋯⋯⋯⋯⋯⋯⋯⋯⋯⋯⋯⋯⋯⋯⋯⋯⋯⋯⋯⋯⋯⋯⋯⋯⋯ 180

模块1　行车作业办理

车站控制室(简称车控室)各种设备的操作工作是车站行车值班员(简称"值班员")日常工作的重要组成部分。值班员的基本岗位职责之一就是对各类设备进行监控,确认设备状态正常,当中央列车自动监控(ATS)系统故障时,车站转为车站控制(简称"站控")状态,由值班员在行车调度员(简称"行调")的指挥下组织本联锁区行车,排列相关进路。

▶ **知识目标**

1. 能够描述确认 ATS 工作站状态的工作内容;
2. 能够说出接收控制权的基本方法;
3. 能够描述组织管辖车站范围内图定列车按计划运行的方法;
4. 能够描述办理进路的方法。

▶ **能力目标**

1. 能够辨析 ATS 工作站状态;
2. 能够按标准作业程序完成车站接收控制权操作;
3. 能够正确操作实现图定列车按计划运行;
4. 能够正确办理列车出入段进路。

▶ **素质目标**

1. 通过行车作业办理,养成安全第一的服务意识;
2. 通过行车作业办理,养成遵守操作流程和规章制度的职业行为与素养;
3. 通过行车作业办理,养成精益求精的工匠精神与严谨求实的劳动态度。

模块准备

本模块实训任务对应线路布置示意图、行车调度台、车站控制室如图1-1、图1-2、图1-3所示。

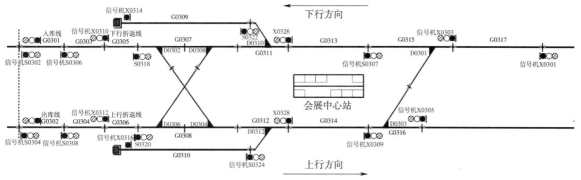

图1-1　线路布置示意图

D-调车信号机;G-轨道区段;S-上行信号机;X-下行信号机;○-绿灯;⊘-黄灯;■-亮稳红灯

活页1-1

图 1-2　行车调度台　　　　　　　图 1-3　车站控制室

实训图片与视频

本模块部分实训图片如图 1-4～图 1-6 所示,部分实训视频可扫描二维码查阅。

图 1-4　实训任务 1.1:值班员确认 ATS 工作站状态　　　图 1-5　实训任务 1.2:行调下发命令

图 1-6　实训任务 1.2:值班员执行命令

上岗确认 ATS　　接收控制权操作、组织　　列车计划出段　　行车作业办理
工作站状态　　　管辖车站范围内图定　　　　　　　　　　列车计划入段
　　　　　　　　列车按计划运行

活页 1-2

实训任务 1.1 上岗确认ATS工作站状态

任务情境

某车控室控制台显示正常,值班员使列车按运行计划行车。

任务要求

了解上岗确认 ATS 工作站状态流程,掌握在车控室内判断 ATS 工作站界面中线路布置示意图各信号设备的显示、列车运行状态的显示、主要信号设备状态标识的显示以及综合后备盘(IBP 盘)上的信号按钮及指示灯状态是否正常的方法。

任务发布

指导教师下达任务要求,学生以 3 人为一小组对任务进行确认,采用轮换的方式进行任务实施,以保证每位同学都能适应岗位要求。任务完成后进行小组互评和教师评分,并总结心得体会。

任务分组

建议学习者组建学习小组,制订学习计划,共同完成相关任务。

姓　名	学　号	分　工	备注	学　习　计　划
			组长	

任务实施时间

2 分钟。

任务准备

上岗确认 ATS 工作站状态流程　　　　表 1-1

岗　位	值班员
作业程序	检查本地 ATS 工作站界面中线路布置示意图各信号设备的显示(道岔、信号机、计轴区段)是否正常。 1. 值班员手指:本地 ATS 工作站界面中的所有道岔、信号机、计轴区段。 2. 值班员口呼:道岔、信号机、计轴状态全部正常
	检查本地 ATS 工作站界面中列车运行状态的显示(列车识别号等)是否正常。 1. 值班员手指:本地 ATS 工作站界面中每一个列车车次框。 2. 值班员口呼:列车运行全部正常
	检查本地 ATS 工作站界面中主要信号设备状态的显示是否正常。 1. 值班员手指:本地 ATS 工作站界面中设备状态栏图标。 2. 值班员口呼:设备状态正常

活页 1–3

续上表

岗 位	值班员
作业程序	检查IBP盘上信号按钮及指示灯状态是否正常。 1. 值班员手指:IBP盘上信号按钮及指示灯。 2. 值班员口呼:IBP盘状态正常

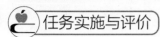

任务实施与评价

上岗确认 ATS 工作站状态任务实施与评价　　　　　　表 1-2

学生姓名		班级		学号	
考核起止时间 (可由计算机记录)			用时 (可由计算机记录)		

说明:本表仅分配人工评分的分值。表中预留( )的地方,打"√"表示正确执行,不扣分;打"×"表示未执行或错误执行,扣分。预留"—"的地方由计算机评分

序号	作业内容	配分	评分标准	评判结果	小组互评		教师评分	
					扣分	得分	扣分	得分
1	检查本地 ATS 工作站界面中轨道图各信号设备的显示(道岔、信号机、计轴区段)是否正常。 1. 值班员手指:本地 ATS 工作站界面中的所有道岔、信号机、计轴区段	15	1. 手指扣分标准。 (1)需要手指联锁区内每一个道岔、信号机及计轴区段,未手指或者手指位置不对的,每处扣1分; (2)配分15分,扣完为止	( )				
	2. 值班员口呼:道岔、信号机、计轴状态全部正常		2. 未口呼或口呼错误,扣10分	—	—	—	—	—
2	检查本地 ATS 工作站界面中列车运行状态的显示(列车识别号等)是否正常。 1. 值班员手指:本地 ATS 工作站界面中每一个列车车次框	15	1. 手指扣分标准。 (1)需要手指联锁区内每一个列车识别框,未手指或者手指位置不对的,每处扣3分; (2)配分15分,扣完为止	( )				
	2. 值班员口呼:列车运行全部正常		2. 未口呼或口呼错误,扣10分	—	—	—	—	—
3	检查本地 ATS 工作站界面中主要信号设备状态的显示是否正常。 1. 值班员手指:本地 ATS 工作站界面中设备状态栏图标	15	1. 手指扣分标准。 (1)需要手指每一个主要信号设备状态图标,未手指或者手指位置不对的,每处扣3分; (2)配分15分,扣完为止	( )				
	2. 值班员口呼:设备状态正常		2. 未口呼或口呼错误,扣10分	—	—	—	—	—
4	检查 IBP 盘上信号按钮及指示灯状态是否正常。 1. 值班员手指:IBP盘上信号按钮及指示灯	15	1. 手指扣分标准。 (1)需要手指每一个信号按钮及指示灯,未手指或者手指位置不对的,每处扣3分; (2)配分15分,扣完为止	( )				
	2. 值班员口呼:IBP盘状态正常		2. 未口呼或口呼错误,扣10分	—	—	—	—	—
	合计	60	注:本任务假设另外40分为计算机自动评分					

评分员签名:　　　　　　　　　　　　　　　　　　　　　　　　　　　　　年　　月　　日

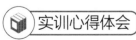

实训任务 1.2 接收控制权操作、组织管辖车站范围内图定列车按计划运行

任务情境

×年×月×日,会展中心站按照×号运行图组织运营,行车间隔为3分钟左右。×时×分会展中心站联锁区因中央ATS设备故障,会展中心站转为车站控制状态,值班员在行调的指挥下组织本联锁区行车,实现按图行车。

任务要求

在中央ATS设备故障的情况下能根据行调命令顺利接收控制权,并能根据当时情况快速、准确地组织列车运行。在行车作业办理过程中,能够采用自动折返或手动排列进路的方式组织列车折返作业;在执行相应操作时,能够按照作业标准要求进行手(鼠标)指以及口呼。

任务发布

指导教师下达任务要求,学生以3人为一小组的形式对任务进行确认和分解,分配组内各成员的岗位角色,完成相应任务后进行换岗,保证每位同学适应不同岗位要求。任务完成后进行小组互评和教师评分,并总结心得体会。

任务分组

建议学习者组建学习小组,制订学习计划,共同完成相关任务。

姓 名	学 号	分 工	备 注	学习计划
			组长	

任务实施时间

4分钟。

任务准备

接收控制权操作流程　　　　　　　　　　　　　　　　　表1-3

序号	作业程序	值班员	行 调
1	核对运行计划		1. 接通电话:行调点击"会展中心站"按钮,接通电话。 2. 行调布置:因中央ATS设备故障,自即时起,会展中心站控制权下放车站办理
		3. 值班员复诵:因中央ATS设备故障,自即时起,会展中心站控制权下放车站办理	
			4. 行调布置:你站上行站台(即将进站)列车××次,下行站台(即将进站)列车××次

续上表

序号	作业程序	值 班 员	行 调
1	核对运行计划	5. 值班员复诵:上行站台(本站即将进站)列车××次,下行站台(本站即将进站)列车××次	
		6. 结束通话:挂断电话	
2	完成接收控制权操作	确认进路未处于办理中。 1. 值班员手指:本地 ATS 工作站界面	
		2. 值班员口呼:控制台进路未处于办理状态,信号、道岔状态良好	
		值班员查看:本地 ATS 工作站界面的车站中控指示灯。值班员确认车站中控指示灯显示。 3. 值班员鼠标指:中控指示灯	
		4. 值班员口呼:ATS 中控	
		值班员操作:点击"车站中控"按钮,点击"非请求站控"按钮。 5. 值班员鼠标指:"非请求站控"按钮	
		6. 值班员口呼:选择"非请求站控"	
		7. 值班员操作:查看弹出的"站中控转换"对话框,确认信息无误后点击"应用"按钮(在弹出对话框中,输入密码,再点击"确定"按钮)	
		值班员查看:本地 ATS 工作站界面的车站中控指示灯,确认指示灯显示,确认站控转换成功。 8. 值班员鼠标指:站控指示灯	
		9. 值班员口呼:站控转换完毕	
3	信息汇报	1. 接通电话:值班员点击"行调"按钮,接通电话。 2. 值班员汇报行调:会展中心站已接权	
			3. 行调回复:收到
		4. 结束通话:挂断电话	

组织管辖车站范围内图定列车按计划运行流程 表1-4

序号	作业程序	值 班 员
1	车站控制模式下的自动进路办理(无先后顺序)	1. 值班员办理 X0303 自动通过模式。 (1)点击"X0303"按钮;(2)选择"设置自动通过进路"按钮;(3)点击"确定"按钮
		2. 值班员办理 X0402、S0309、S0401 自动通过模式(操作方法同上,对应替换按钮名称)
2	进路办理鼠标指、口呼标准	1. 值班员鼠标指:相应进路始端信号机
		2. 值班员口呼:办理××××—××××进路
		进路排列成功后。 3. 值班员鼠标指:相应进路
		4. 值班员口呼:相应进路已建立
		以排列 X0326—S0320 进路为例。 1. 值班员鼠标指:"X0326"按钮;
		2. 值班员口呼:办理下 0326 至上 0320 进路。 进路排列成功后。
		3. 值班员鼠标指:"X0326—S0320"进路按钮;
		4. 值班员口呼:下 0326 至上 0320 进路已建立

活页 1-6

续上表

序号	作业程序	值班员
2	取消进路鼠标指、口呼标准	1. 值班员鼠标指:相应进路始端信号机
		2. 值班员口呼:取消××××至××××进路
		进路取消成功后。
		3. 值班员鼠标指:相应进路
		4. 值班员口呼:相应进路已取消
		以取消 X0326—S0320 进路为例。 1. 值班员鼠标指:"X0326"按钮; 2. 值班员口呼:取消下 0326 至上 0320 进路。 进路取消成功后。 3. 值班员鼠标指:"X0326—S0320"进路按钮; 4. 值班员口呼:下 0326 至上 0320 进路已取消
	自动进路办理鼠标指、口呼标准	1. 值班员鼠标指:相应信号机
		2. 值班员口呼:设置××××信号机自动通过模式
		自动进路办理成功后。
		3. 值班员鼠标指:××××信号机自动通过图标(绿色箭头)
		4. 值班员口呼:××××自动通过模式已建立
		以办理 X0303 自动通过模式为例。 1. 值班员鼠标指:"X0303"按钮; 2. 值班员口呼:设置下 0303 信号机自动通过模式。 自动进路办理成功后。 3. 值班员鼠标指:X0303 信号机自动通过图标(绿色箭头); 4. 值班员口呼:下 0303 信号机自动通过模式已建立
	自动折返办理鼠标指、口呼标准	1. 值班员鼠标指:自动折返×××按钮
		2. 值班员口呼:设置自动折返(具体名称)
		自动折返办理成功后。
		3. 值班员鼠标指:相应自动折返按钮
		4. 值班员口呼:相应自动折返模式已建立(具体名称)
		以办理 CY1(CY 为信号机型号)为例。 1. 值班员鼠标指:"CY1"按钮; 2. 值班员口呼:设置自动折返 CY1; 自动折返办理成功后。 3. 值班员鼠标指:"CY1"按钮; 4. 值班员口呼:CY1 自动折返模式已建立
	取消自动折返鼠标指、口呼标准	1. 值班员鼠标指:自动折返×××按钮
		2. 值班员口呼:取消自动折返(具体名称)
		取消自动折返成功后。
		3. 值班员鼠标指:相应自动折返按钮
		4. 值班员口呼:相应自动折返模式已取消(具体名称)
		以取消 CY1 为例。 1. 值班员鼠标指:"CY1"按钮; 2. 值班员口呼:取消自动折返 CY1。 取消自动折返成功后。 3. 值班员鼠标指:"CY1"按钮; 4. 值班员口呼:CY1 自动折返模式已取消

活页 1—7

任务实施与评价

接收控制权操作任务实施与评价 表1-5

学生姓名		班级		学号	
考核起止时间 (可由计算机记录)			用时 (可由计算机记录)		

说明:本表仅分配人工评分的分值。表中预留( )的地方,打"√"表示正确执行,不扣分;打"×"表示未执行或错误执行,扣分。预留"—"的地方一般由计算机评分

序号	作业程序	作业内容	配分	评分标准	评判结果	小组互评 扣分	小组互评 得分	教师评分 扣分	教师评分 得分
1	核对运行计划	1. 接通电话:行调点击"会展中心站"按钮,接通电话	—	1. 未接通电话进行布置,扣2.5分	—	—	—	—	—
		2. 行调布置:因中央ATS设备故障,自即时起,会展中心站控制权下放车站办理		2. 布置错误,扣2.5分	—	—	—	—	—
		3. 值班员复诵:因中央ATS设备故障,自即时起,会展中心站控制权下放车站办理		3. 未接通电话进行复诵或复诵错误,扣5.5分	—	—	—	—	—
		4. 行调布置:你站上行站台(即将进站)列车××次,下行站台(即将进站)列车××次		4. 未布置或布置错误,扣2分	—	—	—	—	—
		5. 值班员复诵:上行站台(本站即将进站)列车××次,下行站台(本站即将进站)列车××次		5. 未复诵或复诵错误,扣5.5分	—	—	—	—	—
		6. 结束通话:挂断电话		6. 未挂断电话,扣1分	—	—	—	—	—
2	完成接收控制权操作	确认进路未处于办理中。 1. 值班员手指:本地ATS工作站界面	8	1. 未手指或手指位置错误,扣2分	( )	—	—	—	—
		2. 值班员口呼:控制台进路未处于办理状态,信号、道岔状态良好		2. 未口呼或口呼错误,扣8分	—	—	—	—	—
		值班员查看:本地ATS工作站界面的车站中控指示灯。值班员确认车站中控指示灯显示。 3. 值班员鼠标指:中控指示灯		3. 鼠标未指到"中控指示灯"按钮,扣2分	( )	—	—	—	—
		4. 值班员口呼:ATS中控		4. 未口呼或口呼错误,扣2分	—	—	—	—	—
		值班员操作:点击"车站中控"按钮,点击"非请求站控"按钮。 5. 值班员鼠标指:"非请求站控"按钮		5. 鼠标未指到右键菜单中的"非请求站控"按钮,扣2分	( )	—	—	—	—
		6. 值班员口呼:选择非请求站控		6. 未口呼或口呼错误,扣2分	—	—	—	—	—
		7. 值班员操作:查看弹出的"站中控转换"对话框,确认信息无误后点击"应用"按钮(在弹出对话框中,输入密码,再点击"确定"按钮)		7. 未操作或操作错误,扣40分	—	—	—	—	—

活页1-8

续上表

序号	作业程序	作业内容	配分	评分标准	评判结果	小组互评 扣分	小组互评 得分	教师评分 扣分	教师评分 得分
2	完成接收控制权操作	值班员查看:本地ATS工作站界面的车站中控指示灯,确认指示灯显示,确认站控转换成功。 8.值班员鼠标指:站控指示灯	8	8.鼠标未指到"站控指示灯"扣2分		—	—	—	—
		9.值班员口呼:站控转换完毕		9.未口呼或口呼错误或未转为站控后口呼,扣2分		—	—	—	—
3	信息汇报	1.接通电话:值班员点击"行调"按钮,接通电话	2	1.未接通电话进行汇报,扣7.5分		—	—	—	—
		2.值班员汇报行调:会展中心站已接权		2.汇报错误,扣7.5分		—	—	—	—
		3.行调回复:收到		3.未回复或回复错误,扣2分	( )				
		4.结束通话:挂断电话		4.未结束通话,扣2分		—	—	—	—
	合计		10	注:本任务假设另外90分为计算机评分					

评分员签名:　　　　　　　　　　　　　　　　　　　　　　　　　　　　　　　　　　　年　　月　　日

组织管辖车站范围内图定列车按计划运行任务实施与评价　　　　表1-6

学生姓名		班级		学号	
考核起止时间 (可由计算机记录)			用时 (可由计算机记录)		

说明:本表仅分配人工评分的分值。表中预留( )的地方,打"√"表示正确执行,不扣分;打"×"表示未执行或错误执行,扣分。预留"—"的地方一般由计算机评分

序号	作业程序	作业内容	配分	评分标准	评判结果	小组互评 扣分	小组互评 得分	教师评分 扣分	教师评分 得分
1	车站控制模式下的自动进路办理(无先后顺序)	1.值班员办理X0303自动通过模式。 (1)点击"X0303"按钮; (2)选择"设置自动通过进路"按钮; (3)点击"确定"按钮	—	未操作或未操作成功,每个扣15分。 本项最多扣60分		—	—	—	—
		2.值班员办理X0402自动通过模式(操作方法同上,对应替换按钮名称)				—	—	—	—
		3.值班员办理S0309自动通过模式(操作方法同上,对应替换按钮名称)				—	—	—	—
		4.值班员办理S0401自动通过模式(操作方法同上,对应替换按钮名称)				—	—	—	—

活页1-9

续上表

序号	作业程序	作业内容	配分	评分标准	评判结果	小组互评		教师评分	
						扣分	得分	扣分	得分
2	办理 X0303 自动通过 鼠标指、 口呼标准	1. 鼠标指:"X0303"按钮	40	执行标准: 作业过程动作及口呼要求:清晰、准确、连贯。 扣分标准: 出现以下情况,每次扣2分: (1)需要鼠标指,未执行或者鼠标指位置不对的。 (2)需要口呼,未口呼或口呼内容错误的。 (3)配分40分,扣完为止	( )				
		2. 口呼:设置下0303信号机自动通过模式			( )				
		自动进路办理成功后。 3. 鼠标指:X0303信号机自动通过图标(绿色箭头)			( )				
		4. 口呼:下0303信号机自动通过模式已建立			( )				
	办理 X0402 自动通过 鼠标指、 口呼标准	1. 鼠标指:"X0402"按钮			( )				
		2. 口呼:设置下0402信号机自动通过模式			( )				
		自动进路办理成功后。 3. 鼠标指:X0402信号机自动通过图标(绿色箭头)			( )				
		4. 口呼:下0402信号机自动通过模式已建立			( )				
	办理 S0309 自动通过 鼠标指、 口呼标准	1. 鼠标指:"S0309"按钮			( )				
		2. 口呼:设置上0309信号机自动通过模式			( )				
		自动进路办理成功后。 3. 鼠标指:S0309信号机自动通过图标(绿色箭头)			( )				
		4. 口呼:上0309自动通过模式已建立			( )				
	办理 S0401 自动通过 鼠标指、 口呼标准	1. 鼠标指:"S0401"按钮			( )				
		2. 口呼:设置上0401信号机自动通过模式			( )				
		自动进路办理成功后。 3. 鼠标指:S0401信号机自动通过图标(绿色箭头)			( )				
		4. 口呼:上0401信号机自动通过模式已建立			( )				
	办理 CY1 自动折返 鼠标指、 口呼标准	1. 鼠标指:"CY1"按钮			( )				
		2. 口呼:设置自动折返CY1			( )				
		自动折返办理成功后。 3. 鼠标指:"CY1"按钮			( )				
		4. 口呼:CY1自动折返模式已建立			( )				
	办理 X0326— S0320 进路鼠 标指、 口呼标准	1. 鼠标指:"X0326"按钮			( )				
		2. 口呼:办理下0326至上0320进路			( )				
		进路排列成功后。 3. 鼠标指:"X0326—S0320"进路按钮			( )				
		4. 口呼:下0326至上0320进路已建立			( )				

活页1-10

续上表

序号	作业程序	作业内容	配分	评分标准	评判结果	小组互评 扣分	小组互评 得分	教师评分 扣分	教师评分 得分
2	办理 S0320—X0328 进路鼠标指、口呼标准	1. 鼠标指:"S0320"按钮	40	执行标准: 作业过程动作及口呼要求:清晰、准确、连贯。 扣分标准: 出现以下情况,每次扣2分: (1)需要鼠标指,未执行或者鼠标指位置不对的。 (2)需要口呼,未口呼或口呼内容错误的。 (3)配分40分,扣完为止	( )				
		2. 口呼:办理上0320至下0328进路			( )				
		进路排列成功后。 3. 鼠标指:"S0320—X0328"进路按钮			( )				
		4. 口呼:上0320至下0328进路已建立			( )				
	合计		40	注:本任务假设另60分为计算机评分					
	备注	若采用CY1自动折返,未手动排列进路X0326—S0320、S0320—X0328,则手动办理进路的鼠标指和口呼不进行评分。若选手手动排列进路X0326—S0320、S0320—X0328,未采用CY1自动折返,则CY1的鼠标指和口呼不进行评分							

评分员签名:　　　　　　　　　　　　　　　　　　　　　　　　　　　年　　月　　日

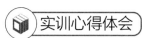

实训心得体会

实训任务 1.3 列车计划出段

任务情境

×年×月×日,会展中心站处于车站控制状态,按照×号运行图组织运营,行车间隔为4分钟左右。值班员根据运行计划,组织列车经出段线出段。

任务要求

能判断是否有列车出段,并为出段的列车办理进路。

任务发布

指导教师下达任务要求,学生以3人为一小组的形式对任务进行确认和分解,采用完成入段进路办理后进行轮换的方法进行任务实施,以保证每位同学适应岗位要求。任务完成后进行小组互评和教师评分,并总结心得体会。

任务分组

建议学习者组建学习小组,制订学习计划,共同完成相关任务。

姓 名	学 号	分 工	备注	学 习 计 划
			组长	

任务实施时间

4分钟。

任务准备

列车计划出段流程   表1-7

序号	作业程序	值 班 员
1	排列车辆段出段进路	1. 值班员排列 S0308—X0312 进路。 点击"S0308"按钮;选择"S0308—X0312"进路按钮;点击"确定"按钮 2. 值班员排列 S0304—S0308 进路(操作方法同上,对应替换按钮名称)
2	进路办理鼠标指、口呼标准	S0308—X0312 进路鼠标指、口呼标准: 1. 值班员鼠标指:"S0308"按钮。 2. 值班员口呼:办理上 0308 至下 0312 进路。 进路排列成功后。 3. 值班员鼠标指:"S0308—X0312"进路按钮。 4. 值班员口呼:上 0308 至下 0312 进路已建立

续上表

序号	作业程序	值 班 员
2	进路办理鼠标指、口呼标准	S0304—S0308 进路鼠标指、口呼标准： 1. 值班员鼠标指："S0304"按钮。 2. 值班员口呼：办理上 0304 至上 0308 进路。 进路排列成功后。 3. 值班员鼠标指："S0304—S0308"进路按钮。 4. 值班员口呼：上 0304 至上 0308 进路已建立

任务实施与评价

列车计划出段任务实施与评价 表1-8

学生姓名		班级		学号	
考核起止时间 （可由计算机记录）				用时 （可由计算机记录）	

说明：本表仅分配人工评分的分值。表中预留（ ）的地方，打"√"表示正确执行，不扣分；打"×"表示未执行或错误执行，扣分。预留"—"的地方由计算机评分

序号	作业程序	作业内容	配分	评分标准	评判结果	小组互评 扣分	小组互评 得分	教师评分 扣分	教师评分 得分
1	排列车辆段出段进路	1. 值班员排列 S0308—X0312 进路。 （1）点击"S0308"按钮； （2）选择"S0308—X0312"进路按钮； （3）点击"确定"按钮	—	出段进路任意一条进路未排列，每次扣 60 分；本项最多扣 60 分	—	—	—	—	—
		2. 值班员排列 S0304—S0308 进路（操作方法同上，对应替换按钮名称）							
2	办理 S0308—X0312 进路鼠标指、口呼标准	S0308—X0312 进路鼠标指、口呼标准： 1. 值班员鼠标指："S0308"按钮	40	扣分标准： 出现以下情况，每次扣 5 分： （1）需要鼠标指，未执行或者鼠标指位置不对的； （2）需要口呼，未口呼或口呼内容错误的； （3）配分 40 分，扣完为止	( )				
		2. 值班员口呼：办理上 0308 至下 0312 进路			( )				
		进路排列成功后。 3. 值班员鼠标指："S0308—X0312"进路按钮			( )				
		4. 值班员口呼：上 0308 至下 0312 进路已建立			( )				
	办理 S0304—S0308 进路鼠标指、口呼标准	S0304—S0308 进路鼠标指、口呼标准： 1. 值班员鼠标指："S0304"按钮			( )				
		2. 值班员口呼：办理上 0304 至上 0308 进路			( )				
		进路排列成功后 3. 值班员鼠标指："S0304—S0308"进路按钮			( )				
		4. 值班员口呼：上 0304 至上 0308 进路已建立			( )				

续上表

序号	作业程序	作业内容	配分	评分标准	评判结果	小组互评 扣分	小组互评 得分	教师评分 扣分	教师评分 得分
2	取消 X0326—S0320 进路鼠标指、口呼标准	1. 鼠标指："X0326"按钮	40	扣分标准： 出现以下情况，每次扣5分： （1）需要鼠标指，未执行或者鼠标指位置不对的； （2）需要口呼，未口呼或口呼内容错误的； （3）配分40分，扣完为止	（ ）				
		2. 口呼：取消下0326至上0320进路			（ ）				
		进路取消成功后。 3. 鼠标指："X0326—S0320"进路按钮			（ ）				
		4. 口呼：下0326至上0320进路已取消			（ ）				
	取消 CY1 自动折返鼠标指、口呼标准	1. 鼠标指："CY1"按钮			（ ）				
		2. 口呼：取消自动折返 CY1			（ ）				
		取消自动折返成功后。 3. 鼠标指："CY1"按钮			（ ）				
		4. 口呼：CY1 自动折返模式已取消			（ ）				
	合计		40	注：本任务假设另外60分为计算机自动评分和语音评分					

评分员签名： 年 月 日

实训心得体会

活页 1—15

实训任务 1.4 列车计划入段

任务情境

×年×月×日，会展中心站处于车站控制状态，按照×号运行图组织运营，行车间隔为3分钟。值班员需根据运行计划，组织列车入段。

任务要求

能判断列车是否需要入段，并能为入段的列车办理进路。

任务发布

指导教师下达任务要求，学生以3人为一小组的形式对任务进行确认和分解，采用完成入段进路办理后进行轮换的方法进行任务实施，以保证每位同学适应岗位要求。任务完成后进行小组互评和教师评分，并总结心得体会。

任务分组

建议学习者组建学习小组，制订学习计划，共同完成相关任务。

姓　名	学　号	分　工	备注	学　习　计　划
			组长	

任务实施时间

4分钟。

任务准备

列车计划入段流程　　　　　　　　　　　　　　　　表1-9

序号	作业程序	值　班　员
1	排列车辆段入段进路	1. 值班员排列 X0326—S0318 进路。 点击"X0326"按钮；选择"X0326—S0318"进路按钮；点击"确定"按钮 2. 值班员排列 X0310—S0306 进路（操作方法同上，对应替换按钮名称）
2	进路办理鼠标指、口呼标准	X0326—S0318 进路鼠标指、口呼标准： 1. 值班员鼠标指："X0326"按钮。 2. 值班员口呼：办理下 0326 至上 0318 进路。 进路排列成功后。 3. 值班员鼠标指："X0326—S0318"进路按钮。 4. 值班员口呼：下 0326 至上 0318 进路已建立

续上表

序号	作业程序	值班员
2	进路办理鼠标指、口呼标准	X0310—S0306 进路鼠标指、口呼标准： 1. 值班员鼠标指："X0310"按钮。 2. 值班员口呼：办理下 0310 至上 0306 进路。 进路排列成功后。 3. 值班员鼠标指："X0310—S0306"进路按钮。 4. 值班员口呼：下 0310 至上 0306 进路已建立

任务实施与评价

列车计划入段任务实施与评价　　　　表 1-10

学生姓名		班级		学号	
考核起止时间 （可由计算机记录）			用时 （可由计算机记录）		

说明：本表仅分配人工评分的分值。表中预留（　）的地方，打"√"表示正确执行，不扣分；打"×"表示未执行或错误执行，扣分。预留"—"的地方由计算机评分

序号	作业程序	作业内容	配分	评分标准	评判结果	小组互评		教师评分	
						扣分	得分	扣分	得分
1	排列车辆段入段进路	1. 值班员排列 X0326—S0318 进路。 （1）点击"X0326"按钮； （2）选择"X0326—S0318"进路按钮； （3）点击"确定"按钮 2. 值班员排列 X0310—S0306 进路（操作方法同上，对应替换按钮名称）	—	入段进路任意一条进路未排列，每次扣 60 分；本项最多扣 60 分	—	—	—	—	—
2	办理 X0326—S0318 进路鼠标指、口呼标准	X0326—S0318 进路鼠标指、口呼标准： 1. 值班员鼠标指："X0326"按钮	40	扣分标准： 出现以下情况，每次扣 5 分： （1）需要鼠标指，未执行或者鼠标指位置不对的； （2）需要口呼，未口呼或口呼内容错误的； （3）配分 40 分，扣完为止	（　）				
		2. 值班员口呼：办理下 0326 至上 0318 进路			（　）				
		进路排列成功后。 3. 值班员鼠标指："X0326—S0318"进路按钮			（　）				
		4. 值班员口呼：下 0326 至上 0318 进路已建立			（　）				
	办理 X0310—S0306 进路鼠标指、口呼标准	1. 鼠标指："X0310"按钮			（　）				
		2. 口呼：办理下 0310 至上 0306 进路			（　）				
		进路排列成功后。 3. 鼠标指："X0310—S0306"进路按钮			（　）				
		4. 口呼：下 0310 至上 0306 进路已建立			（　）				

活页 1-18

续上表

序号	作业程序	作业内容	配分	评分标准	评判结果	小组互评 扣分	小组互评 得分	教师评分 扣分	教师评分 得分
2	取消CY1自动折返鼠标指、口呼标准	1. 鼠标指："CY1"按钮	40	扣分标准： 出现以下情况，每次扣5分： （1）需要鼠标指，未执行或者鼠标指位置不对的； （2）需要口呼，未口呼或口呼内容错误的； （3）配分40分，扣完为止	( )				
		2. 口呼：取消自动折返CY1			( )				
		3. 鼠标指："CY1"按钮			( )				
		4. 口呼：CY1自动折返模式已取消			( )				
	合计		40	注：本任务假设另外60分为计算机自动评分和语音评分					
备注	若选手未操作取消CY1自动折返，则取消CY1自动折返鼠标指、口呼不评分								

评分员签名：　　　　　　　　　　　　　　　　　　　　　　　年　　月　　日

实训心得体会

模块2 信号故障处置

模块描述

正常情况下,城市轨道交通列车运行实行中央 ATS 设备控制。当中央 ATS 设备发生故障,需要调度中心人工控制所管辖线路上的信号机和道岔,办理列车进路,组织和指挥列车运行。如果出现中央 ATS 设备无显示等故障,则行调授权联锁站控制,实现站控。在站控时,车站 ATS 工作站界面各信号设备显示一旦出现异常,值班员应判断信号故障类型并及时向行调汇报,按照相应信号故障处置程序及时处理信号故障,尽快恢复按图行车。

学习目标

▶ **知识目标**

1. 能够描述信号故障的状态;
2. 能够描述不同信号故障处置的流程;
3. 能够准确说出不同信号故障处置过程中的标准用语。

▶ **能力目标**

1. 能够正确辨别信号故障类别;
2. 能够按相应信号故障处置标准作业程序手(鼠标)指口呼;
3. 能够快速按照相应信号故障处置流程完成操作。

▶ **素质目标**

1. 通过信号故障处置,养成安全第一的服务意识;
2. 通过信号故障处置,养成遵守操作流程和规章制度的职业行为与素养;
3. 通过信号故障处置中的手(鼠标)指口呼操作,养成精益求精的工匠精神;
4. 通过快速处理信号故障尽快恢复按图行车,具备争分夺秒的劳动态度;
5. 通过分组讨论信号故障类别以及处置方案,具备团队合作能力、分析问题和解决问题的能力。

模块准备

本模块实训任务对应线路布置示意图、行车调度台、车站控制室如图 2-1、图 2-2、图 2-3 所示。

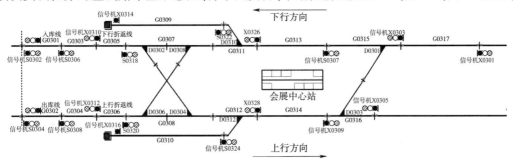

图 2-1 线路布置示意图

D-调车信号机;G-轨道区段;S-上行信号机;X-下行信号机;○-绿灯;◎-黄灯;●-亮稳红灯

活页 2-1

图2-2 行车调度台

图2-3 车站控制室

实训图片与视频

本模块部分实训图片如图2-4~图2-9所示,部分实训视频可扫描二维码查阅。

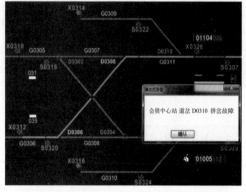

图2-4 实训任务2.1:10号道岔挤岔报警,X0326信号机关闭

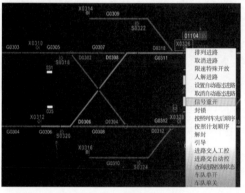

图2-5 实训任务2.1:重新开放X0326信号机

图2-6 实训任务2.2:行车值班员与站务员确认现场情况

图2-7 实训任务2.2:站务员确认(汇报)现场情况

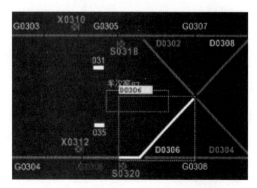

图2-8 实训任务2.3:轨道0308白光带

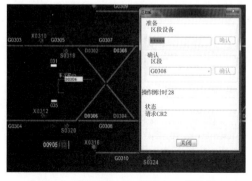

图2-9 实训任务2.3:轨道0308区故解

活页2-2

办理信号重开作业	列车出站紧急停车按钮点亮的处置	办理区故解作业	道岔单独操作	道岔单独锁闭	计轴受扰下的处置

活页 2-3

实训任务 2.1 办理信号重开作业

📚 任务情境

会展中心站处于站控状态。D0310 道岔瞬间故障后恢复,已开放的 X0326 信号机突然关闭。X0326—S0320 进路建立,X0326 信号机开放。下行列车未占用 X0326－S0320 进路前,X0326 信号机因 D0310 瞬间故障关闭,造成下行列车无法正常运行。

📕 任务要求

能通过故障现象、提示判断故障内容,且能对故障进行处置,使得正线上的列车继续运行。

📚 任务发布

指导教师下达任务要求,学生以 3 人为一小组的形式对任务进行确认和分解,分配组内各成员的岗位角色,采用相应任务完成后进行换岗的方法进行任务实施,以保证每位同学适应不同岗位要求。任务完成后进行小组互评和教师评分,并总结心得体会。

📖 任务分组

建议学习者组建学习小组,制订学习计划,共同完成相关任务。

姓 名	学 号	分 工	备 注	学 习 计 划
			组长	

🍎 任务实施时间

10 分钟。

📖 任务准备

办理信号重开作业流程　　　　　　　　　　　　　表 2-1

序号	作业程序	值 班 员	行 调
1	发现故障汇报	值班员发现道岔故障报警 1. 值班员鼠标指:道岔挤岔报警提示框及 X0326 信号机 2. 值班员口呼:10 号道岔挤岔报警,下 0326 信号关闭 值班员将 X0326 关闭情况上报行调。 3. 接通电话:值班员点击"行调"按钮,接通电话 4. 值班员汇报行调:会展中心站 10 号道岔挤岔报警,现已恢复,下 0326 信号机关闭 6. 结束通话:挂断电话	5. 行调回复:收到

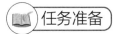

续上表

序号	作业程序	值班员	行调
2	信号重开操作	1. 值班员鼠标指：X0326 信号机及进路	
		2. 值班员口呼：重新开放下 0326 信号机	
		3. 值班员操作： 点击"X0326"按钮；选择"信号重开"按钮；点击"确定"按钮	
		4. 值班员鼠标指：X0326	
		5. 值班员口呼：下 0326 信号机已开放	
3	信息汇报	1. 接通电话：值班员点击"行调"按钮，接通电话	
		2. 值班员汇报行调：下 0326 信号机已开放	
			3. 行调回复：收到
		4. 结束通话：挂断电话	

任务实施与评价

办理信号重开作业任务实施与评价　　　　　　　　　　　　　　　　表 2-2

学生姓名		班级		学号	
考核起止时间 （可由计算机记录）			用时 （可由计算机记录）		

说明：本表仅分配人工评分的分值。表中预留（　）的地方，打"√"表示正确执行，不扣分；打"×"表示未执行或错误执行，扣分。预留"—"的地方由计算机评分

序号	作业程序	作业内容	配分	评分标准	评判结果	小组互评		教师评分	
						扣分	得分	扣分	得分
1	发现故障汇报	值班员发现道岔故障报警。 1. 值班员鼠标指：道岔挤岔报警提示框及 X0326 信号机	6	1. 未鼠标指或鼠标指位置错误，扣 5 分	(　)				
		2. 值班员口呼：10 号道岔挤岔报警，下 0326 信号关闭		2. 未口呼或口呼错误，扣 5 分	—				
		值班员将 X0326 关闭情况上报行调。 3. 接通电话：值班员点击"行调"按键，接通电话		3. 未接通电话进行汇报，扣 4 分	—	—	—	—	—
		4. 值班员汇报行调：会展中心站 10 号道岔挤岔报警，现已恢复，下 0326 信号机关闭		4. 汇报错误，扣 4 分	—	—	—	—	—
		5. 行调回复：收到		5. 未回复或回复错误，扣 1 分	(　)				
		6. 结束通话：值班员挂断电话		6. 未结束通话，扣 1 分					
2	信号重开操作	1. 值班员鼠标指：X0326 信号机及进路	10	1. 未鼠标指或鼠标指位置错误，扣 5 分	(　)				
		2. 值班员口呼：重新开放下 0326 信号机		2. 未口呼或口呼错误，扣 5 分	—				
		3. 值班员操作： (1) 点击"X0326"按钮； (2) 选择"信号重开"按钮； (3) 点击"确定"按钮		3. 操作扣分标准： (1) 未操作或未操作成功，扣 40 分； (2) 导致进路延时解锁，扣 40 分； (3) 以上两项总共最多扣 40 分	—	—	—	—	—

活页 2-6

续上表

序号	作业程序	作业内容	配分	评分标准	评判结果	小组互评 扣分	小组互评 得分	教师评分 扣分	教师评分 得分
2	信号重开操作	4.值班员鼠标指：X0326信号机	10	4.未鼠标指或鼠标指位置错误，扣5分	( )				
		5.值班员口呼：下0326信号机已开放		5.未口呼或口呼错误，扣5分	—	—	—	—	—
3	信息汇报	1.接通电话：值班员点击"行调"按键，接通电话	1	1.未接通电话进行汇报，扣9分	—	—	—	—	—
		2.值班员汇报行调：下0326信号机已开放		2.汇报错误，扣9分					
		3.行调回复：收到		3.未回复或回复错误，扣1分	( )				
		4.结束通话：值班员，挂断电话		4.未结束通话，扣2分	—	—	—	—	—
	合计		17	注：本任务假设另外83分为计算机自动评分					

评分员签名：　　　　　　　　　　　　　　　　　　　　　　　　　年　　月　　日

实训心得体会

实训任务 2.2　列车出站紧急停车按钮点亮的处置

实训任务 2.2.1　列车出站紧急停车按钮点亮的处置（一）

任务情境

列车处于会展中心站上行站台准备发车（或者会展中心站上行站台列车进站）时，乘客误碰会展中心站上行站台紧急停车按钮，紧急停车按钮激活，值班员与站务员联系确认为乘客误碰，现场无紧急情况后，与行调联系解除上行紧急停车状态。

任务要求

能通过故障现象、提示判断故障内容，且能对故障进行处置，使正线上的列车继续运行。

任务发布

指导教师下达任务要求，学生以3人为一小组的形式对任务进行确认和分解，分配组内各成员的岗位角色，采用相应任务完成后进行换岗的方法进行任务实施，以保证每位同学适应不同岗位要求。任务完成后进行小组互评和教师评分，并总结心得体会。

任务分组

建议学习者组建学习小组，制订学习计划，共同完成相关任务。

姓　名	学　号	分　工	备注	学 习 计 划
			组长	

任务实施时间

3分钟。

任务准备

列车出站紧急停车按钮点亮的处置流程　　　　　　　　　　　　　　　　　表2-3

序号	作业程序	值　班　员		行　调	站　务　员
1	状态确认	1. 值班员鼠标指：本地ATS工作站界面上的上行站台			
		2. 值班员口呼：上行紧急停车按钮激活			
		3. 值班员手指：IBP盘上行紧急停车按钮红色表示灯			
		4. 值班员口呼：上行紧急停车按钮激活，进行"警铃解除"			

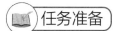

续上表

序号	作业程序	值班员	行调	站务员
1	状态确认	5.值班员操作:按压IBP盘上行"警铃解除"按钮		
		6.接通电话:值班员点击"行调"按钮,接通电话		
		7.值班员汇报行调:会展中心站上行紧急停车报警		
			8.行调回复:收到	
		9.结束通话:挂断电话		
2	联系并恢复	1.值班员对讲机联系站务员:上行站台紧急停车报警,请确认现场情况		
				2.站务员回复值班员:上行站台乘客误碰紧急停车按钮,无异常情况
		3.值班员对讲机回复站务员:收到,恢复上行紧急停车		
		4.接通电话:值班员点击"行调"按钮,接通电话		
		5.值班员汇报行调:会展中心站上行紧急停车为乘客误碰,无异常情况,请求恢复		
			6.行调回复:同意	
		7.结束通话:挂断电话		
		8.值班员口呼:恢复上行紧急停车状态		
		9.值班员操作:按压IBP盘上行"取消紧急停车"按钮		
		10.值班员手指:IBP盘熄灭的上行紧急停车按钮表示灯		
		11.值班员鼠标指:上行站台		
		12.值班员口呼:上行紧急停车已恢复		
3	信息汇报	1.接通电话:值班员点击"行调"按钮,接通电话		
		2.值班员汇报行调:会展中心站上行紧急停车已恢复		
			3.行调回复:收到	
		4.结束通话:挂断电话		

任务实施与评价

列车出站紧急停车按钮点亮的处置任务实施与评价

表 2-4

学生姓名		班级		学号	
考核起止时间 (可由计算机记录)			用时 (可由计算机记录)		

说明:本表仅分配人工评分的分值,表中预留( )的地方,打"√"表示正确执行,不扣分;打"×"表示未执行或错误执行,扣分。预留"—"的地方由计算机评分

序号	作业程序	作业内容	配分	评分标准	评判结果	小组互评		教师评分	
						扣分	得分	扣分	得分
1	状态确认	1.值班员鼠标指:本地ATS工作站界面上的上行站台	7	1.未鼠标指或鼠标指位置错误,扣3分	( )				
		2.值班员口呼:上行紧急停车按钮激活		2.未口呼或口呼错误,扣3分	—	—	—	—	—
		3.值班员手指:IBP盘上行紧急停车按钮红色表示灯		3.未手指或手指位置错误,扣3分	( )				

续上表

序号	作业程序	作业内容	配分	评分标准	评判结果	小组互评 扣分	小组互评 得分	教师评分 扣分	教师评分 得分
1	状态确认	4.值班员口呼:上行紧急停车按钮激活,进行"警铃解除"	7	4.未口呼或口呼错误,扣3分	—	—	—	—	—
		5.值班员操作:按压IBP盘上行"警铃解除"按钮		5.未按压IBP盘上行"警铃解除",扣1.1分	—	—	—	—	—
		6.接通电话:值班员点击"行调"按钮,接通电话		6.未接通电话进行汇报,扣2.5分	—	—	—	—	—
		7.值班员汇报行调:会展中心站上行紧急停车报警		7.汇报错误,扣5分	—	—	—	—	—
		8.行调回复:收到		8.未回复或回复错误,扣1分	( )				
		9.结束通话:挂断电话		9.未结束通话,扣1分	—	—	—	—	—
2	联系并恢复	1.值班员对讲机联系站务员:上行站台紧急停车报警,请确认现场情况	11	1.未与站务员进行联系确认或联系确认内容错误,扣15分	—	—	—	—	—
		2.站务员回复值班员:上行站台乘客误碰紧急停车按钮,无异常情况		2.未回复或回复错误,扣6分	( )				
		3.值班员对讲机回复站务员:收到,恢复上行紧急停车		3.未回复站务员,扣3分	—	—	—	—	—
		4.接通电话:值班员点击"行调"按键,接通电话		4.未接通电话进行汇报,扣3分	—	—	—	—	—
		5.值班员汇报行调:会展中心站上行紧急停车为乘客误碰,无异常情况,请求恢复		5.汇报错误,扣3分	—	—	—	—	—
		6.行调回复:同意		6.未回复或回复错误,扣1分	( )				
		7.结束通话:挂断电话		7.未结束通话,扣1分	—	—	—	—	—
		8.值班员口呼:恢复上行紧急停车状态		8.未口呼或口呼不正确,每次扣2分					
		9.值班员操作:按压IBP盘上行"取消紧急停车"按钮		9.操作扣分标准: (1)未操作上行"取消紧急停车",扣20分; (2)误操作下行"取消紧急停车",扣20分; (3)以上两项总共最多扣20分; (4)误操作下行"紧急停车按钮",本试题直接失格	—	—	—	—	—
		10.值班员手指:IBP盘熄灭的上行紧急停车按钮表示灯		10.未手指或手指位置错误,扣2分	( )				
		11.值班员鼠标指:上行站台(红色菱形方框消失)		11.未鼠标指或鼠标指位置错误,扣2分	( )				
		12.值班员口呼:上行紧急停车已恢复		12.未口呼或口呼错误,扣2分	—	—	—	—	—

活页2-11

续上表

序号	作业程序	作业内容	配分	评分标准	评判结果	小组互评 扣分	小组互评 得分	教师评分 扣分	教师评分 得分
3	信息汇报	1. 接通电话:值班员点击"行调"按钮,接通电话	1	1. 未接通电话进行汇报,扣4分	—	—	—	—	—
		2. 值班员汇报行调:会展中心站上行紧急停车已恢复		2. 汇报错误,扣4分	—	—	—	—	—
		3. 行调回复:收到		3. 未回复或回复错误,扣1分	( )				
		4. 结束通话:挂断电话		4. 未结束通话,扣1分	—	—	—	—	—
	合计		19	注:本任务假设另外81分为计算机自动评分和语音评分					

评分员签名：　　　　　　　　　　　　　　　　　　　　　　　　　年　　月　　日

实训任务2.2.2　列车出站紧急停车按钮点亮的处置（二）

📚 任务情境

列车处于会展中心站上行站台准备发车,站务员发现列车前部有一书包被车门夹住,车门及站台门均正常关闭。站务员按压站台紧急停车按钮阻止发车。值班员与站务员联系并确认情况,与行调联系后恢复紧急停车按钮。

📖 任务要求

能通过故障现象、提示判断故障内容,且能对故障进行处置,使正线上的列车继续运行。

📚 任务发布

指导教师下达任务要求,学生以3人为一小组的形式对任务进行确认和分解,分配组内各成员的岗位角色,采用相应任务完成后进行换岗的方法进行任务实施,以保证每位同学适应不同岗位要求。任务完成后进行小组互评和教师评分,并总结心得体会。

💿 任务分组

建议学习者组建学习小组,制订学习计划,共同完成相关任务。

姓　名	学　号	分　工	备注	学　习　计　划
			组长	

🍎 任务实施时间

3分钟。

任务准备

列车出站紧急停车按钮点亮的处置流程　　　　　　　　　　　表2-5

序号	作业程序	值班员	行调	站务员
1	状态确认	1. 值班员鼠标指：本地ATS工作站界面上的上行站台		
		2. 值班员口呼：上行紧急停车按钮激活		
		3. 值班员手指：IBP盘上行紧急停车按钮红色表示灯		
		4. 值班员口呼：上行紧急停车按钮激活，进行"警铃解除"		
		5. 值班员操作：按压IBP盘上行"警铃解除"按钮		
		6. 接通电话：值班员点击"行调"按键，接通电话		
		7. 值班员汇报行调：会展中心站上行紧急停车报警		
			8. 行调回复：收到	
		9. 结束通话：挂断电话		
2	联系并恢复	1. 值班员对讲机联系站务员：上行站台紧急停车报警，请确认现场情况		
				2. 站务员回复值班员：上行列车夹物，现已处置完毕
		3. 值班员对讲机回复站务员：收到，恢复上行紧急停车		
		4. 接通电话：值班员点击"行调"按键，接通电话		
		5. 值班员汇报行调：会展中心站上行紧急停车为列车夹物，现已处置完毕，请求恢复		
			6. 行调回复：同意	
		7. 结束通话：挂断电话		
		8. 值班员口呼：恢复上行紧急停车状态		
		9. 值班员操作：按压IBP盘上行"取消紧急停车"按钮		
		10. 值班员手指：IBP盘熄灭的上行紧急停车按钮表示灯		
		11. 值班员鼠标指：上行站台		
		12. 值班员口呼：上行紧急停车已恢复		
3	信息汇报	1. 接通电话：值班员点击"行调"按键，接通电话		
		2. 值班员汇报行调：会展中心站上行紧急停车已恢复		
			3. 行调回复：收到	
		4. 结束通话：挂断电话		

任务实施与评价

列车出站紧急停车按钮点亮的处置任务实施与评价　　　　　　　　　表2-6

学生姓名		班级		学号	
考核起止时间（可由计算机记录）			用时（可由计算机记录）		

说明：本表仅分配人工评分的分值，表中预留（　）的地方，打"√"表示正确执行，不扣分；打"×"表示未执行或错误执行，扣分。预留"—"的地方由计算机评分

序号	作业程序	作业内容	配分	评分标准	评判结果	小组互评		教师评分	
						扣分	得分	扣分	得分
1	状态确认	1. 值班员鼠标指：本地ATS工作站界面上的上行站台	7	1. 未鼠标指或鼠标指位置错误，扣3分	(　)				

活页2-13

续上表

序号	作业程序	作业内容	配分	评分标准	评判结果	小组互评 扣分	小组互评 得分	教师评分 扣分	教师评分 得分
1	状态确认	2. 值班员口呼:上行紧急停车按钮激活	7	2. 未口呼或口呼错误,扣3分	—	—	—	—	—
		3. 值班员手指:IBP盘上行紧急停车按钮红色表示灯		3. 未手指或手指位置错误,扣3分	( )				
		4. 值班员口呼:上行紧急停车按钮激活,进行"警铃解除"		4. 未口呼或口呼错误,扣3分	—	—	—	—	—
		5. 值班员操作:按IBP盘上行"警铃解除"按钮		5. 未按压IBP盘上行"警铃解除",扣11分					
		6. 接通电话:值班员点击"行调"按钮,接通电话		6. 未接通电话进行汇报,扣2.5分					
		7. 值班员汇报行调:会展中心站上行紧急停车报警		7. 汇报错误,扣5分					
		8. 行调回复:收到		8. 未回复或回复错误,扣1分	( )				
		9. 结束通话:挂断电话		9. 未结束通话,扣1分	—	—	—	—	—
2	联系并恢复	1. 值班员对讲机联系站务员:上行站台紧急停车报警,请确认现场情况	11	1. 未与站务员进行联系确认或联系确认内容错误,扣15分					
		2. 站务员回复值班员:上行站台乘客误碰紧急停车按钮,无异常情况		2. 未回复或回复错误,扣6分	( )				
		3. 值班员对讲机回复站务员:收到,恢复上行紧急停车		3. 未回复站务员,扣3分					
		4. 接通电话:值班员点击"行调"按键,接通电话		4. 未接通电话进行汇报,扣3分	—	—	—	—	—
		5. 值班员汇报行调:会展中心站上行紧急停车为列车夹物,现已处置完毕,请求恢复		5. 汇报错误,扣3分					
		6. 行调回复:同意		6. 未回复或回复错误,扣1分	( )				
		7. 结束通话:挂断电话		7. 未结束通话,扣1分	—	—	—	—	—
		8. 值班员口呼:恢复上行紧急停车状态		8. 未口呼或口呼不正确,每次扣2分					
		9. 值班员操作:按压IBP盘上行"取消紧急停车"按钮		9. 操作扣分标准: (1)未操作上行"取消紧急停车",扣20分; (2)误操作下行"取消紧急停车",扣20分; (3)以上两项总共最多扣20分; (4)误操作下行"紧急停车按钮",本试题直接失格	—	—	—	—	—
		10. 值班员手指:IBP盘熄灭的上行紧急停车按钮表示灯		10. 未手指或手指位置错误,扣2分	( )				
		11. 值班员鼠标指:上行站台(红色菱形方框消失)		11. 未鼠标指或鼠标指位置错误,扣2分	( )				

活页2–14

续上表

序号	作业程序	作业内容	配分	评分标准	评判结果	小组互评 扣分	小组互评 得分	教师评分 扣分	教师评分 得分
2	联系并恢复	12. 值班员口呼:上行紧急停车已恢复	11	12. 未口呼或口呼错误,扣2分	—	—	—	—	—
3	信息汇报	1. 接通电话:值班员点击"行调"按钮,接通电话	1	1. 未接通电话进行汇报,扣4分	—	—	—	—	—
		2. 值班员汇报行调:会展中心站上行紧急停车已恢复		2. 汇报错误,扣4分	—	—	—	—	—
		3. 行调回复:收到		3. 未回复或回复错误,扣1分	( )				
		4. 结束通话:挂断电话		4. 未结束通话,扣1分	—	—	—	—	—
	合计		19	注:本任务假设另外81分为计算机自动评分和语音评分					

评分员签名:　　　　　　　　　　　　　　　　　　　　　　　　　年　　月　　日

实训心得体会

活页 2-15

实训任务 2.3 办理区故解作业

📖 任务情境

S0320—X0328 进路建立信号开放。上行列车出清 S0320—X0328 进路后，因非正常解锁，G0312、G0314 出现故障锁闭状态。值班员使用 ATS 系统区段故障解锁功能进行解锁。

📖 任务要求

能通过故障现象、提示判断故障内容，且对故障进行处置，使正线上的列车继续运行。

📖 任务发布

指导教师下达任务要求，学生以 3 人为一小组的形式对任务进行确认和分解，分配组内各成员的岗位角色，采用相应任务完成后进行换岗的方法进行任务实施，以保证每位同学适应不同岗位要求。任务完成后进行小组互评和教师评分，并总结心得体会。

📖 任务分组

建议学习者组建学习小组，制订学习计划，共同完成相关任务。

姓 名	学 号	分 工	备 注	学 习 计 划
			组长	

📖 任务实施时间

3 分钟。

📖 任务准备

办理区故解作业流程　　　　　　　　　　　　　　　　　表 2-7

序号	作业程序	值 班 员	行 调
1	故障判断及汇报	1. 值班员鼠标指：G0312、G0314 区段按钮	
		2. 值班员口呼：轨道 0312、轨道 0314 白光带	
		3. 接通电话：值班员点击"行调"按钮，接通电话	
		4. 值班员汇报行调：会展中心站上行列车已全列出站，轨道 0312、轨道 0314 出现白光带	
			5. 行调回复：收到
		6. 结束通话：挂断电话	

活页 2-17

续上表

序号	作业程序	值班员	行调
2	办理区故解操作	1. 值班员鼠标指：G0312 区段按钮	
		2. 值班员口呼：轨道 0312 区故解	
		3. 值班员操作： (1) 点击 G0312 区段按钮； (2) 选择"区故解"按钮； (3) 点击"确认"按钮； (4) 二次确认"区故解"按钮，在倒计时结束前确认并点击 G0312 区段按钮并确认	
		1. 值班员鼠标指：G0314 区段按钮	
		2. 值班员口呼：轨道 0314 区故解	
		3. 值班员操作： (1) 点击 G0314 区段按钮； (2) 选择"区故解"按钮； (3) 点击"确认"按钮； (4) 二次确认"区故解"按钮，在倒计时结束前确认并点击 G0314 区段按钮并确认	
3	信息汇报	1. 接通电话：值班员点击"行调"按钮，接通电话	
		2. 值班员汇报行调：会展中心站轨道 0312、轨道 0314 区段白光带已解锁	
			3. 行调回复：收到
		4. 结束通话：挂断电话	

任务实施与评价

办理区故解作业任务实施与评价

表 2-8

学生姓名		班级		学号	
考核起止时间 (可由计算机记录)			用时 (可由计算机记录)		

说明：本表仅分配人工评分的分值。表中预留( )的地方，打"√"表示正确执行，不扣分；打"×"表示未执行或错误执行，扣分。预留"—"的地方由计算机评分

序号	作业程序	作业内容	配分	评分标准	评判结果	小组互评		教师评分	
						扣分	得分	扣分	得分
1	故障判断及汇报	1. 值班员鼠标指：G0312、G0314 区段按钮	6	1. 未鼠标指或鼠标指位置错误，扣 5 分	( )				
		2. 值班员口呼：轨道 0312、轨道 0314 白光带		2. 未口呼或口呼错误，扣 5 分	—	—	—	—	—
		3. 接通电话：值班员点击"行调"按钮，接通电话		3. 未接通电话进行汇报，扣 4 分	—	—	—	—	—
		4. 值班员汇报行调：会展中心站上行列车已全列出站，轨道 0312、轨道 0314 出现白光带		4. 汇报错误，扣 4 分					
		5. 行调回复：收到		5. 未回复或回复错误，扣 1 分	( )				
		6. 结束通话：挂断电话		6. 未接通或挂断电话，扣 1 分	—	—	—	—	—

活页 2-18

续上表

序号	作业程序	作业内容	配分	评分标准	评判结果	小组互评 扣分	小组互评 得分	教师评分 扣分	教师评分 得分
2	办理区故解操作	1. 值班员鼠标指：G0312 区段按钮	10	1. 未鼠标指或鼠标指位置错误，扣5分	( )				
		2. 值班员口呼：轨道0312区故解		2. 未口呼或口呼错误，扣5分	—	—	—	—	—
		3. 值班员操作： （1）点击G0312区段按钮； （2）点击"区故解"按钮； （3）点击"确认"按钮； （4）二次确认"区故解设备"，在倒计时结束前确认并选择G0312区段并确认		3. 未正确解锁G0312故障区段，扣25分					
		4. 值班员鼠标指：G0314区段按钮		4. 未鼠标指或鼠标指位置错误，扣5分	( )				
		5. 值班员口呼：轨道0314区故解		5. 未口呼或口呼错误，扣5分	—	—	—	—	—
		6. 值班员操作： （1）右键点击G0314区段按钮； （2）点击"区故解"按钮； （3）点击"确认"按钮； （4）二次确认"区故解设备"，在倒计时结束前确认并选择G0314区段并确认		6. 未正确解锁G0314故障区段，扣25分；有列车占用，解锁G0314故障区段，扣25分；解锁G0314该项最多扣25分				—	
3	信息汇报	1. 接通电话：值班员点击"行调"按键，接通电话	1	1. 未接通电话进行汇报，扣4分	—	—	—	—	—
		2. 值班员汇报行调：会展中心站轨道0312、轨道0314区段白光带已解锁		2. 汇报错误，扣4分	—	—	—	—	—
		3. 行调回复：收到		3. 未回复或回复错误，扣1分	( )				
		4. 结束通话：挂断电话		4. 未结束通话，扣1分	—	—	—	—	—
	合计		17	注：本任务假设另外83分为计算机自动评分和语音评分					

评分员签名：　　　　　　　　　　　　　　　　　　　　　　　　　　　　　年　　月　　日

实训心得体会

实训任务 2.4 道岔单独操作

任务情境

会展中心站处于车站控制状态,现场无列车占用,因 D0303 道岔故障,ATS 工作站界面中 D0303 道岔出现红色闪烁,控制台弹出挤岔报警提示框。

任务要求

能通过故障现象、提示判断故障内容,且对故障进行处置,使正线上的列车继续运行。

任务发布

指导教师下达任务要求,学生以 3 人为一小组的形式对任务进行确认和分解,分配组内各成员的岗位角色,采用相应任务完成后进行换岗的方法进行任务实施,以保证每位同学适应不同岗位要求。任务完成后进行小组互评和教师评分,并总结心得体会。

任务分组

建议学习者组建学习小组,制订学习计划,共同完成相关任务。

姓 名	学 号	分 工	备注	学 习 计 划
			组长	

任务实施时间

5 分钟。

任务准备

道岔单独操作流程 表2-9

序号	作业程序	值 班 员	行 调
1	故障判断及汇报按钮	1.值班员鼠标指:D0303 道岔按钮	
		2.值班员口呼:3 号道岔挤岔报警	
		3.接通电话:值班员点击"行调"按键,接通电话	
		4.值班员汇报:3 号道岔挤岔报警,请求单扳试验(至少单扳一个来回)	
			5.行调回复:同意
		6.结束通话:挂断电话	
2	办理单扳道岔操作	1.值班员鼠标指:D0303 道岔按钮	
		2.值班员口呼:单扳3 号道岔反位	
		3.值班员操作:右键点击 D0303 道岔按钮,选择"反操"按钮,点击"确认"按钮。	
		注意事项:道岔单扳前需确认道岔未锁闭、未占用	

活页 2-21

续上表

序号	作业程序	值 班 员	行 调
2	办理单扳道岔操作	4. 值班员鼠标指:D0303道岔按钮 5. 值班员口呼:单扳3号道岔定位 6. 值班员操作:右键点击D0303道岔按钮,选择"定操"按钮,点击"确认"按钮。 注意事项:道岔单扳前需确认道岔未锁闭、未占用 7. 值班员鼠标指:D0303道岔按钮 8. 值班员口呼:3号道岔定位显示正常	
3	信息汇报	1. 接通电话:值班员点击"行调"按键,接通电话 2. 值班员汇报行调:3号道岔定位显示正常 4. 结束通话:挂断电话	3. 行调回复:收到

任务实施与评价

道岔单独操作任务实施与评价

表2-10

学生姓名		班级		学号	
考核起止时间 (可由计算机记录)			用时 (可由计算机记录)		

说明:本表仅分配人工评分的分值。表中预留( )的地方,打"√"表示正确执行,不扣分;打"×"表示未执行或错误执行,扣分。预留"—"的地方由计算机评分

序号	作业程序	作业内容	配分	评分标准	评判结果	小组互评 扣分	小组互评 得分	教师评分 扣分	教师评分 得分
1	故障判断及汇报	1. 值班员鼠标指:D0303道岔按钮	6	1. 未鼠标指或鼠标指位置错误,扣5分	( )				
		2. 值班员口呼:3号道岔挤岔报警		2. 未口呼或口呼错误,扣5分	—				
		3. 接通电话:值班员点击"行调"按键,接通电话		3. 未接通电话进行汇报,扣4分	—				
		4. 值班员汇报:3号道岔挤岔报警,请求单扳试验(至少单扳一个来回)		4. 汇报错误,扣4分	—				
		5. 行调回复:同意		5. 未回复或回复错误,扣1分	( )				
		6. 结束通话:挂断电话		6. 未挂断电话,扣1分	—				
2	办理单扳道岔操作	1. 值班员鼠标指:D0303道岔按钮	15	1. 未鼠标指或鼠标指位置错误,扣5分	( )				
		2. 值班员口呼:单扳3号道岔反位		2. 未口呼或口呼错误,扣5分	—				
		3. 值班员操作:右键点击D0303道岔按钮,选择"反操"按钮,点击"确认"按钮。 注意事项:道岔单扳前需确认道岔未锁闭、未占用		3. 反操操作,出现以下任意一种情况,扣20分。 (1)有单锁执行反操; (2)有进路锁闭道岔执行反操; (3)有车占用此道岔执行反操; (4)有区段故障锁闭此道岔执行反操; (5)有侧防锁闭此道岔执行反操; (6)反操操作该项最多扣20分	—				

续上表

序号	作业程序	作业内容	配分	评分标准	评判结果	小组互评 扣分	小组互评 得分	教师评分 扣分	教师评分 得分
2	办理单扳道岔操作	4. 值班员鼠标指:D0303 道岔按钮	15	4. 未鼠标指或鼠标指位置错误,扣5分	( )				
		5. 值班员口呼:单扳3号道岔定位		5. 未口呼或口呼错误,扣5分	—	—	—	—	—
		6. 值班员操作:右键点击 D0303 道岔按钮,选择"定操"按钮,点击"确认"按钮。 注意事项:道岔单扳前需确认道岔未锁闭、未占用		6. 定操操作,出现以下任意一种情况,扣20分。 (1) 有单锁执行定操; (2) 有进路锁闭此道岔执行定操; (3) 有车占用此道岔执行定操; (4) 有区段故障锁闭此道岔执行定操; (5) 有侧防锁闭此道岔执行定操; (6) 定操操作该项最多扣20分	—	—	—	—	—
		7. 值班员鼠标指:D0303 道岔按钮		7. 未鼠标指或鼠标指不正确,扣5分	( )				
		8. 值班员口呼:3号道岔定位显示正常		8. 未口呼或口呼不正确,扣5分	—	—	—	—	—
3	信息汇报	1. 接通电话:值班员点击"行调"按键,接通电话	1	1. 未接通电话进行汇报,扣4分					
		2. 值班员汇报行调:3号道岔定位显示正常		2. 汇报错误,扣4分					
		3. 行调回复:收到		3. 未回复或回复错误,扣1分	( )				
		4. 结束通话:挂断电话		4. 未结束通话,扣1分	—	—	—	—	—
	合计		22	注:另外78分为计算机自动评分和语音评分					

评分员签名:　　　　　　　　　　　　　　　　　　　　　　　　　　年　　月　　日

实训心得体会

实训任务 2.5 道岔单独锁闭

任务情境
值班员按行调指令，对 D302 道岔进行单锁。

任务要求
能通过故障现象、提示判断故障内容，且对故障进行处置，使正线上的列车继续运行。

任务发布
指导教师下达任务要求，学生以 3 人为一小组的形式对任务进行确认和分解，分配组内各成员的岗位角色，采用相应任务完成后进行换岗的方法进行任务实施，以保证每位同学适应不同岗位要求。任务完成后进行小组互评和教师评分，并总结心得体会。

任务分组
建议学习者组建学习小组，制订学习计划，共同完成相关任务。

姓　名	学　号	分　工	备　注	学 习 计 划
			组长	

任务实施时间
2 分钟。

任务准备

道岔单独锁闭流程　　　　　　　　　　　　　表 2-11

序号	作业程序	值　班　员	行　　调
1	接收命令		1.接通电话:行调点击"会展中心站"按钮,接通电话
			2.行调下命令:12 号道岔定位单锁
		3.值班员复诵:12 号道岔定位单锁,值班员明白	
			4.结束通话:挂断电话
2	办理道岔单锁操作	1.值班员鼠标指:D0312 道岔按钮	
		2.值班员口呼:12 号道岔处于定位,需单独锁闭	
		3.值班员操作: (1)右键点击 D0312 道岔按钮; (2)选择"单锁"按钮; (3)点击"确认"按钮	

活页 2-25

续上表

序号	作业程序	值班员	行调
3	信息汇报	1. 接通电话:值班员点击"行调"按钮,接通电话	
		2. 值班员汇报行调:12号道岔已单锁定位	
			3. 行调回复:收到
		4. 结束通话:挂断电话	

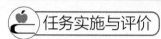

道岔单独锁闭任务实施与评价   表2-12

学生姓名		班级		学号	
考核起止时间 (可由计算机记录)			用时 (可由计算机记录)		

说明:本表仅分配人工评分的分值。表中预留( )的地方,打"√"表示正确执行,不扣分;打"×"表示未执行或错误执行,扣分。预留"—"的地方由计算机评分

序号	作业程序	作业内容	配分	评分标准	评判结果	小组互评 扣分	小组互评 得分	教师评分 扣分	教师评分 得分
1	接收命令	1. 接通电话:行调点击"会展中心站"按键,接通电话	—	1. 未接通电话进行通知,扣4.5分	—	—	—	—	—
		2. 行调下命令:12号道岔定位单锁		2. 通知错误,扣4.5分	—	—	—	—	—
		3. 值班员复诵:12号道岔定位单锁,值班员明白		3. 未接通电话进行复诵或复诵错误,扣10分	—	—	—	—	—
		4. 结束通话:挂断电话		4. 未挂断电话,扣1分	—	—	—	—	—
2	办理道岔单锁操作	1. 值班员鼠标指:D0312道岔按钮	10	1. 未鼠标指或鼠标指位置错误,扣10分	( )				
		2. 值班员口呼:12号道岔处于定位,需单独锁闭		2. 未口呼或口呼错误,扣10分	—				
		3. 值班员操作: (1) 右键点击D0312道岔按钮; (2) 选择"单锁"按钮; (3) 点击"确认"按钮		3. 未操作或未操作成功,扣40分	—				
3	信息汇报	1. 接通电话:值班员点击"行调"按钮,接通电话	1	1. 未接通电话进行汇报,扣4分	—				
		2. 值班员汇报行调:12号道岔已单锁定位		2. 汇报错误,扣4分	—				
		3. 行调回复:收到		3. 未回复或回复错误,扣1分	( )				
		4. 结束通话:值班员,挂断电话		4. 未结束通话,扣1分	—				
	合计		11	注:本任务假设另外89分为计算机自动评分和语音评分					
备注									

评分员签名:　　　　　　　　　　　　　　　　　　　　　　　　　　　　年　月　日

活页2-26

实训任务 2.6 道岔单解

任务情境
值班员按行调指令,对 D0312 道岔解除单锁。

任务要求
能通过故障现象、提示判断故障内容,且能对故障进行处置,使正线上的列车继续运行。

任务发布
指导教师下达任务要求,学生以 3 人为一小组的形式对任务进行确认和分解,分配组内各成员的岗位角色,采用相应任务完成后进行换岗的方法进行任务实施,以保证每位同学适应不同岗位要求。任务完成后进行小组互评和教师评分,并总结心得体会。

任务分组
建议学习者组建学习小组,制订学习计划,共同完成相关任务。

姓 名	学 号	分 工	备 注	学 习 计 划
			组长	

任务实施时间
2 分钟。

任务准备

道 岔 单 解 流 程　　　　　　　　　表 2-13

序号	作业程序	值 班 员	行 调
1	接收命令		1. 接通电话:行调点击"会展中心站"按钮,接通电话
			2. 行调下命令:单解 12 号道岔
		3. 值班员复诵:单解 12 号道岔,值班员明白	
			4. 结束通话:挂断电话
2	办理单解道岔操作	1. 值班员鼠标指:D0312 道岔按钮	
		2. 值班员口呼:12 号道岔处于定位锁闭,需单解道岔	
		3. 值班员操作: (1)点击 D0312 道岔按钮; (2)选择"单解"按钮;	

续上表

序号	作业程序	值班员	行调
2	办理单解道岔操作	(3)点击"确定"按钮； (4)再次点击"是"按钮； (5)二次确认"单解设备"，在倒计时结束前确认并选择 D0312 道岔按钮并确认	
3	信息汇报	1.接通电话：值班员点击"行调"按钮，接通电话	
		2.值班员汇报行调：12 号道岔已解锁	
			3.行调回复：收到
		4.结束通话：挂断电话	

任务实施与评价

道岔单解任务实施与评价   表2-14

学生姓名		班级		学号	
考核起止时间 (可由计算机记录)			用时 (可由计算机记录)		

说明：本表仅分配人工评分的分值。表中预留（　）的地方，打"√"表示正确执行，不扣分；打"×"表示未执行或错误执行，扣分。预留"—"的地方由计算机评分

序号	作业程序	作业内容	配分	评分标准	评判结果	小组互评		教师评分	
						扣分	得分	扣分	得分
1	接收命令	1.接通电话：行调点击"会展中心站"按钮，接通电话	—	1.未接通电话进行通知，扣4.5分	—	—	—	—	—
		2.行调下命令：单解12号道岔		2.通知错误，扣4.5分	—	—	—	—	—
		3.值班员复诵：单解12号道岔，值班员明白		3.未接通电话进行复诵或复诵错误，扣10分	—	—	—	—	—
		4.结束通话：挂断电话		4.未挂断电话，扣1分	—	—	—	—	—
2	办理道岔单锁操作	1.值班员鼠标指：D0312 道岔按钮	10	1.未鼠标指或鼠标指位置错误，扣10分	(　)				
		2.值班员口呼：12 号道岔处于定位锁闭，需单解道岔		2.未口呼或口呼错误，扣10分	—	—	—	—	—
		3.值班员操作： (1)右键点击 D0312 道岔按钮； (2)选择"单解"按钮； (3)点击"确定"按钮； (4)再次点击"是"按钮； (5)二次确认"单解设备"，在倒计时结束前确认并选择 D0312 道岔按钮并确认		3.未操作或未操作成功，扣40分	—	—	—	—	—
3	信息汇报	1.接通电话：值班员点击"行调"按钮，接通电话	1	1.未接通电话进行汇报，扣4分	—	—	—	—	—
		2.值班员汇报行调：12 号道岔已解锁		2.汇报错误，扣4分	—	—	—	—	—
		3.行调回复：收到		3.未回复或回复错误，扣1分	(　)				
		4.结束通话：挂断电话		4.未结束通话，扣1分	—	—	—	—	—

续上表

序号	作业程序	作业内容	配分	评分标准	评判结果	小组互评		教师评分	
						扣分	得分	扣分	得分
		合计	11	注:本任务假设另外89分为计算机自动评分和语音评分					

评分员签名:　　　　　　　　　　　　　　　　　　　　　　　　　年　　月　　日

 实训心得体会

实训任务 2.7 计轴受扰下的处置

任务情境

会展中心站处于站控状态,列车由下行站台全列运行至上行折返线,进路解锁后,车站 ATS 工作台界面中 G0308 区段出现故障紫光带。此时,D0306/D0308 道岔处于反位,D0302/D0304/D0312 道岔处于定位。

任务要求

能通过故障现象、提示判断故障内容,且能对故障进行处置,使正线上的列车继续运行。

任务发布

指导教师下达任务要求,学生以 3 人为一小组的形式对任务进行确认和分解,分配组内各成员的岗位角色,采用相应任务完成后进行换岗的方法进行任务实施,以保证每位同学适应不同岗位要求。任务完成后进行小组互评和教师评分,并总结心得体会。

任务分组

建议学习者组建学习小组,制订学习计划,共同完成相关任务。

姓 名	学 号	分 工	备注	学习计划
			组长	

任务实施时间

5 分钟。

任务准备

计轴受扰下的处置流程　　　　　　　　　　　　　　　表 2-15

序号	作业程序	值 班 员	行 调
1	汇报调度	1. 值班员鼠标指:G0308 轨道区段按钮	
		2. 值班员口呼:轨道 0308 显示紫光带	
		3. 接通电话:值班员点击"行调"按钮,接通电话	
		4. 值班员汇报行调:列车已全列到达会展中心站上行折返线,轨道 0308 显示紫光带,申请计轴预复位	
			5. 行调回复:可以预复位
		6. 结束通话:挂断电话	

活页 2-31

续上表

序号	作业程序	值班员	行调
2	计轴预复位操作	1. 值班员鼠标指：G0308 轨道区段按钮	
		2. 值班员口呼：轨道 0308 空闲，对轨道 0308 进行计轴预复位	
		3. 值班员口呼：点击计轴复位，选择"设置"按钮	
		4. 值班员计轴复位按钮操作：值班员右键点击"计轴复位"按钮，选择"设置"按钮	
		确认 ATS 信号控制台的计轴复位灯状态。 5. 值班员鼠标指：计轴复位灯	
		6. 值班员口呼：计轴复位灯红色	
		7. 值班员操作： （1）点击 G0308 轨道区段按钮； （2）区段菜单内选择"计轴预复位"按钮； （3）确认执行"计轴预复位"命令：选择"确认"按钮； （4）二次确认"区段设备"，在倒计时结束前确认并选择 G0308 区段按钮并确认	
		8. 值班员鼠标指：G0308 轨道区段按钮	
		9. 值班员口呼：轨道 0308 计轴预复位完成	
3	强扳道岔	1. 值班员鼠标指：D0306 道岔按钮	
		2. 值班员口呼：6 号道岔反位，需强扳定位	
		3. 值班员操作： （1）强扳道岔授权。 ①点击 D0306 道岔按钮； ②选择"设置道岔强扳授权"按钮； ③进行二次确认操作； ④等待道岔进入授权有效（道岔显示白色圆圈）状态。 （2）单操道岔至定位。 ①点击 D0306 道岔按钮； ②选择"单操定位"按钮； ③点击"确认"按钮	
4	办理引导进路操作	1. 值班员鼠标指：D0306、D0304、D0312 道岔按钮	
		2. 值班员口呼：6 号、4 号、12 号道岔处于定位	
		3. 值班员鼠标指：G0308、G0312、G0314 区段按钮	
		4. 值班员口呼：轨道 0308、轨道 0312、轨道 0314 区段空闲	
		5. 值班员鼠标指：S0320 信号机按钮	
		6. 值班员口呼：开放上 0320 信号机引导信号	
		7. 值班员操作： （1）右键选择 S0320 信号机按钮； （2）选择"引导"按钮； （3）点击"确认"按钮	
5	解锁引导进路操作	列车到达上行站台后。 1. 值班员鼠标指：G0314 区段按钮	
		2. 值班员口呼：列车已全列到达上行站台	
		3. 值班员鼠标指：S0320 信号机按钮	
		4. 值班员口呼：解锁上 0320 信号机引导进路	

活页 2-32

续上表

序号	作业程序	值 班 员	行 调
5	解锁引导进路操作	5.值班员操作： (1)选择 S0320 信号机按钮； (2)选择"人解进路"按钮； (3)点击"确认"按钮。 注意事项：若遗留白光带，则进行解锁白光带。确认该进路内所有光带已解锁，G0308 计轴受扰故障恢复	
6	信息汇报	1.接通电话：值班员点击"行调"按钮，接通电话	
		2.值班员汇报行调：会展中心站轨道 0308 故障紫光带已恢复	
			3.行调回复：收到
		4.结束通话：挂断电话	

任务实施与评价

计轴受扰下的处置任务实施与评价

表 2-16

学生姓名		班级		学号	
考核起止时间 (可由计算机记录)			用时 (可由计算机记录)		

说明：本表仅分配人工评分的分值。表中预留( )的地方，打"√"表示正确执行，不扣分；打"×"表示未执行或错误执行，扣分。预留"—"的地方由计算机评分

序号	作业程序	作业内容	配分	评分标准	评判结果	小组互评		教师评分	
						扣分	得分	扣分	得分
1	汇报调度	1.值班员鼠标指：G0308 轨道区段按钮	0.5	1.未鼠标指或鼠标指位置错误，扣 0.5 分	( )				
		2.值班员口呼：轨道 0308 显示紫光带		2.未口呼或口呼错误，扣 0.5 分	—	—	—	—	—
		3.接通电话：值班员点击"行调"按钮，接通电话		3.未接通电话进行汇报，扣 1.75 分	—	—	—	—	—
		4.值班员汇报行调：列车已全列到达会展中心站上行折返线，轨道 0308 显示紫光带，申请计轴预复位		4.汇报错误，扣 1.75 分	—	—	—	—	—
		5.行调回复：可以预复位		5.未回复或回复错误，扣 0.5 分	—	—	—	—	—
		6.结束通话：挂断电话		6.未结束通话，扣 0.5 分	—	—	—	—	—
2	计轴预复位操作	1.值班员鼠标指：G0308 轨道区段按钮	1.5	1.未鼠标指或鼠标指位置错误，扣 0.5 分	( )				
		2.值班员口呼：轨道 0308 空闲，对轨道 0308 进行计轴预复位		2.未口呼或口呼错误，扣 0.5 分	—	—	—	—	—
		3.值班员口呼：点击计轴复位，选择"设置"按钮		3.未口呼或口呼错误，扣 0.5 分	—	—	—	—	—
		4.值班员计轴复位按钮操作：值班员右键点击"计轴复位"按钮，选择"设置"按钮		4.未操作或操作错误，扣 7.5 分	—	—	—	—	—

活页 2-33

续上表

序号	作业程序	作业内容	配分	评分标准	评判结果	小组互评 扣分	小组互评 得分	教师评分 扣分	教师评分 得分
2	计轴预复位操作	确认 ATS 信号控制台的计轴复位灯状态。 5. 值班员鼠标指:计轴复位灯	1.5	5. 未鼠标指或鼠标指位置错误,扣0.5分	( )				
		6. 值班员口呼:计轴复位灯红色		6. 未口呼或口呼错误,扣0.5分	—	—	—	—	—
		7. 值班员操作: (1)点击 G0308 轨道区段按钮; (2)区段菜单内选择"计轴预复位"按钮; (3)确认执行"计轴预复位"命令:选择"确认"按钮; (4)二次确认"区段设备",在倒计时结束前确认并选择 G0308 区段按钮并确认		7. 计轴预复位操作扣分标准: (1)未操作或操作未成功,扣9分; (2)未在设置计轴复位60S 内完成预复位操作,扣9分; (3)以上两项总共最多扣9分	—	—	—	—	—
		8. 值班员鼠标指:G0308 轨道区段按钮		8. 未鼠标指或鼠标指位置错误,扣0.5分	( )				
		9. 值班员口呼:轨道0308 计轴预复位完成		9. 未口呼或口呼错误,扣0.5分	—	—	—	—	—
3	强扳道岔	1. 值班员鼠标指:D0306 道岔按钮	0.5	1. 未鼠标指或鼠标指位置错误,扣0.5分	( )				
		2. 值班员口呼:6号道岔反位,需强扳定位		2. 未口呼或口呼错误,每次扣0.5分	—	—	—	—	—
		3. 值班员操作: (1)强扳道岔授权。 ①点击 D0306 道岔按钮; ②选择"设置道岔强扳授权"按钮; ③进行二次确认操作; ④等待道岔进入授权有效(道岔显示白色圆圈)状态。 (2)单操道岔至定位 ①点击 D0306 道岔按钮; ②选择"单操定位"按钮; ③点击"确认"按钮		3. 强扳操作,出现以下任意一种情况,扣19分: (1)未强扳至定位; (2)未在道岔强扳授权时间内完成单操定位; (3)有单锁执行强扳授权; (4)有引导总锁执行强扳授权; (5)有进路占用此道岔区段执行强扳授权; (6)有车占用此区段执行强扳授权; (7)强扳道岔操作该项最多扣19分	—	—	—	—	—
4	办理引导进路操作	1. 值班员鼠标指:D0306、D0304、D0312 道岔按钮	1.5	1. 未鼠标指或鼠标指位置错误,扣0.5分	( )				
		2. 值班员口呼:6号、4号、12号道岔处于定位		2. 未口呼或口呼错误,扣0.5分	—	—	—	—	—
		3. 值班员鼠标指:G0308、G0312、G0314 区段按钮		3. 未鼠标指或鼠标指位置错误,扣0.5分	( )				
		4. 值班员口呼:轨道 0308、轨道 0312、轨道 0314 区段空闲		4. 未口呼或口呼错误,扣0.5分	—	—	—	—	—
		5. 值班员鼠标指:S0320 信号机按钮		5. 未鼠标指或鼠标指位置错误,扣0.5分	( )				

活页 2-34

续上表

序号	作业程序	作业内容	配分	评分标准	评判结果	小组互评 扣分	小组互评 得分	教师评分 扣分	教师评分 得分
4	办理引导进路操作	6.值班员口呼:开放上0320信号机引导信号	1.5	6.未口呼或口呼错误,扣0.5分	—	—	—	—	—
		7.值班员操作: (1)右键选择S0320信号机按钮; (2)选择"引导"按钮; (3)点击"确认"按钮		7.引导操作扣分标准: (1)未办理引导进路或未办理成功,扣22分; (2)因道岔错误导致办理引导进路错误,计轴受扰下的处置该试题直接失格					
5	解锁引导进路操作	列车到达上行站台后: 1.值班员鼠标指:G0314区段按钮	1	1.未鼠标指或鼠标指位置错误,扣0.5分	( )	—	—	—	—
		2.值班员口呼:列车已全列到达上行站台		2.未口呼或口呼错误,每次扣0.5分	—	—	—	—	—
		3.值班员鼠标指:S0320信号机按钮		3.未鼠标指或鼠标指位置错误,扣0.5分	( )	—	—	—	—
		4.值班员口呼:解锁上0320信号机引导进路		4.未口呼或口呼错误,每次扣0.5分	—	—	—	—	—
		5.值班员操作: (1)右键选择S0320信号机按钮; (2)选择"人解进路"按钮; (3)点击"确认"按钮。 注意事项:若遗留白光带,则进行解锁白光带。确认该进路内所有光带已解锁,G0308计轴受扰故障恢复		5.解锁引导进路操作扣分标准: (1)未成功解锁引导进路,扣23分; (2)遗留白光带,每个扣5分,遗留白光带最多扣10分; (3)以上两项总共最多扣23分; (4)列车未在站台停稳解锁引导进路,本作业内容得分为0	—	—	—	—	—
6	信息汇报	1.接通电话:值班员点击"行调"按钮,接通电话	0.5	1.未接通电话进行汇报,扣2分	—	—	—	—	—
		2.值班员汇报行调:会展中心站轨道0308故障紫光带已恢复		2.汇报错误,扣2分	—	—	—	—	—
		3.行调回复:收到		3.未回复或回复错误,扣0.5分	( )	—	—	—	—
		4.结束通话:挂断电话		4.未结束通话,扣0.5分	—	—	—	—	—
	合计		5.5	注:本任务假设另外94.5分为计算机自动评分和语音评分					
备注	办理S0320信号机引导信号时,不限制操作方式								

评分员签名:　　　　　　　　　　　　　　　　　　　　　　　　年　　月　　日

实训心得体会

模块 3　公共区火灾应急处置

模块描述

车站发生火灾后,就近岗位人员应迅速查明火灾发生的原因、时间、地点等简要情况,并立即向值班站长及值班员汇报,值班员接到火灾报告后立即向行调进行汇报,并做好乘客疏散工作,视情况拨打110、119 或 120。

学习目标

▶ **知识目标**

1. 能够描述灭火的基本方法;
2. 能够描述不同灭火器的使用场景;
3. 能够小组解析车站火灾应急预案及操作流程;
4. 能够描述火灾发生时的客流组织流程。

▶ **能力目标**

1. 能够正确选择灭火器进行灭火;
2. 能够快速使用灭火器进行灭火;
3. 能够熟练车站火灾应急处置操作;
4. 能够快速进行乘客疏散及客运组织恢复。

▶ **素质目标**

1. 通过灭火操作流程,养成安全第一的服务意识;
2. 通过灭火操作流程,养成遵守操作流程和规章制度的职业行为与素养;
3. 通过分组讨论火灾发生原因和制定灭火方案,具备团队合作能力、分析问题和解决问题的能力;
4. 通过灭火和客流组织过程,养成精益求精的工匠精神与严谨求实的劳动态度。

模块准备

本模块主要实训设备如图 3-1 所示。

图 3-1　模块 3 主要实训设备

实训图片与视频

本模块部分实训图片如图 3-2～图 3-5 所示，部分实训视频可扫描二维码查阅。

图 3-2　实训任务 3.2：确认火情

图 3-3　实训任务 3.2：消防灭火

图 3-4　实训任务 3.2：确认设备状态

图 3-5　实训任务 3.2：客运组织恢复

站厅 A 端火灾

站厅 B 端火灾

站台 A 端火灾

站台 B 端火灾

实训任务 3.1 站厅A端火灾处置

任务情境

综合监控系统(模拟器)显示站厅A端2个烟感报警器报警。

任务要求

能通过火灾报警信息快速判断着火点,在车控室内组织车站前期灭火、汇报火灾情况、组织疏散、汇报疏散情况,最后进行本岗位的疏散。

任务发布

指导教师下达任务要求,学生以3人为一小组的形式对任务进行确认和分解,分配组内各成员的岗位角色,采用相应任务完成后进行换岗的方法进行任务实施,以保证每位同学适应不同岗位要求。任务完成后进行小组互评和教师评分,并总结心得体会。

任务分组

建议学习者组建学习小组,制订学习计划,共同完成相关任务。

姓 名	学 号	分 工	备 注	学 习 计 划
			组长	

任务实施时间

10分钟。

任务准备

站厅A端火灾处置流程　　　　　　　　　　　　　　　　　　　　　　　表 3-1

序号	作业程序	值 班 员	行调/环调/"119"/"110"/"120"	值班站长/站务员
1	确认火灾报警	综合监控系统发出火灾报警信息。 1.值班员作业:依次点击"综合监控系统—火灾报警—站厅报警"按钮,查看报警烟感器位置		
		2.值班员鼠标指:报警的报警烟感器		
		3.值班员口呼:站厅A端火灾报警		
		4.值班员对讲机汇报值班站长:值班站长,站厅A端火灾报警,请立即确认		
				5.值班站长回复:站厅A端火灾报警,立即确认,值班站长明白

续上表

序号	作业程序	值班员	行调/环调/"119"/"110"/"120"	值班站长/站务员
1	确认火灾报警	6. 值班员作业:操作视频监控系统查看火情		
		7. 值班员手指:站厅A端商铺		
		8. 值班员口呼:站厅A端商铺着火		
2	组织灭火	1. 值班员对讲机通知站务员:站厅站务员、安检员、保洁员立即到A端灭火		
				2. 站务员回复:收到
3	确认火灾模式启动	1. 值班员作业:依次点击"综合监控系统—机电—模式"按钮,查看环境与设备监控系统(简称"环控系统")站厅火灾模式联动执行成功		
		2. 值班员鼠标指:站厅公共区火灾模式		
		3. 值班员口呼:站厅火灾模式执行成功		
4	汇报火灾情况	1. 接通电话:值班员点击"环调"按钮,接通电话		
		2. 值班员汇报环调:环调,会展中心站站厅A端商铺着火,正组织灭火,环控火灾模式已启动		
			3. 环调复诵:会展中心站站厅A端商铺着火,正组织灭火,环控火灾模式已启动	
		4. 结束通话:挂断电话		
		5. 接通电话:值班员点击"行调"按钮,接通电话		
		6. 值班员汇报行调:行调,会展中心站站厅A端商铺着火,正组织灭火,申请上下行列车不停站通过		
			7. 行调复诵:会展中心站站厅A端商铺着火,正组织灭火,申请上下行列车不停站通过,行调明白	
		8. 结束通话:挂断电话		
			9. 行调设置会展中心站上、下行站台跳停	
		10. 接通电话:值班员点击"其他"按钮,接通电话		
		11. 值班员汇报"119":119,地铁会展中心站站厅发生电气火灾,请支援灭火		
			12. "119"回复:收到	
		13. 结束通话:挂断电话		
		14. 接通电话:值班员点击"其他"按钮,接通电话		
		15. 值班员汇报"110":110,地铁会展中心站站厅发生电气火灾,请协助处置		
			16. "110"回复:收到	
		17. 结束通话:挂断电话		
		18. 接通电话:值班员点击"其他"按钮,接通电话		
		19. 值班员汇报"120":120,地铁会展中心站站厅发生火灾,请支援		
			20. "120"回复:收到	
		21. 结束通话:挂断电话		

活页 3-4

续上表

序号	作业程序	值 班 员	行调/环调/"119"/"110"/"120"	值班站长/站务员
5	组织疏散	1. 值班员询问现场:值班站长,火灾是否可以扑灭		
				2. 值班站长回复:控制室,火灾无法扑灭,立即组织全站疏散
		3. 值班员复诵:火灾无法扑灭,立即组织全站疏散		
		4. 值班员确认广播:通过"综合监控系统"及耳听,确认"火灾紧急疏散广播"是否循环播放		
		5. 值班员口呼:疏散广播未联动播放		
		6. 值班员人工双语广播:各位乘客请注意,由于车站出现紧急情况,请保持镇静,听从车站人员指引,迅速离开本站。Dear passengers, due to the emergency, please stay calm and follow the guidance of our staff to leave the station quickly		
		7. 值班员确认闸机:通过视频监控系统确认所有闸机联动全开		
		8. 值班员手指:闸机		
		9. 值班员口呼:闸机已全开		
		10. 值班员确认门禁:通过IBP盘确认门禁已联动全开		
		11. 值班员手指:门禁指示灯		
		12. 值班员口呼:门禁已全开		
		13. 值班员确认电梯:通过"综合监控系统—机电—电扶梯"确认扶梯全停,直梯已停在站厅层处于停用且开门状态(停用状态)		
		14. 值班员手指:"综合监控系统—机电—电扶梯"界面中的扶梯、直梯		
		15. 值班员口呼:扶梯、直梯已停梯		
6	汇报疏散情况	1. 接通电话:值班员点击"行调"按钮,接通电话		
		2. 值班员汇报行调:会展中心站站厅火灾无法扑灭,现组织全站疏散,申请关闭本站,列车不经过本站站台		
			3. 行调复诵:会展中心站站厅火灾无法扑灭,现组织全站疏散,申请关闭本站,列车不经过本站站台,行调明白	
		4. 结束通话:挂断电话		
			5. 行调设置世纪大道站下行站台扣车	
		6. 疏散完毕(系统给出提示)		

活页 3-5

续上表

序号	作业程序	值 班 员	行调/环调/"119"/"110"/"120"	值班站长/站务员
7	本岗位疏散	1. 接通电话:值班员点击"行调"按钮,接通电话		
		2. 值班员汇报行调:会展中心站已疏散完毕,119、120、110 已到站,现场移交 119 处置		
			3. 行调复诵:会展中心站已疏散完毕,119、120、110 已到站,现场移交 119 处置,行调明白	
		4. 结束通话:挂断电话		
		5. 值班员穿好消防战斗服。 注:消防战斗服需在 2 分钟内穿戴完好。 消防战斗服穿戴要求:衣服和裤子拉链拉至顶部,魔术贴贴紧,裤子吊带套上,穿好消防靴,戴上消防头盔,戴好防护手套		

任务实施与评价

站厅 A 端火灾处置任务实施与评价 表 3-2

学生姓名		班级		学号	
考核起止时间 (可由计算机记录)			用时 (可由计算机记录)		

说明:本表仅分配人工评分的分值。表中预留( )的地方,打"√"表示正确执行,不扣分;打"×"表示未执行或错误执行,扣分。预留"—"的地方由计算机评分

序号	作业程序	作业内容	配分	评分标准	评判结果	小组互评 扣分	小组互评 得分	教师评分 扣分	教师评分 得分
1	确认火灾报警	综合监控系统发出火灾报警信息。 1. 值班员作业:依次点击"综合监控系统—火灾报警—站厅报警"按钮查看报警烟感位置	1.5	1. 未点击查看"火灾报警"界面,扣 3 分	—	—	—	—	—
		2. 值班员鼠标指:报警的烟感设备		2. 未鼠标指或鼠标指位置错误,扣 0.5 分	( )				
		3. 值班员口呼:站厅 A 端火灾报警		3. 未口呼或口呼错误,扣 0.5 分	—	—	—	—	—
		4. 值班员对讲机汇报值班站长:值班站长,站厅 A 端火灾报警,请立即确认		4. 报警开始 15 秒内未通知值班站长现场确认或通知错误,扣 2.5 分					
		5. 值班站长回复:站厅 A 端火灾报警,立即确认,值班站长明白		5. 未回复或回复错误,扣 0.5 分	( )				
		6. 值班员作业:操作视频监控系统查看火情		6. 未查看火情,扣 3 分	—	—	—	—	—
		7. 值班员手指:站厅 A 端商铺		7. 未手指或手指位置错误,扣 0.5 分	( )				
		8. 值班员口呼:站厅 A 端商铺着火		8. 未口呼或口呼错误,扣 0.5 分	—	—	—	—	—

活页 3-6

续上表

序号	作业程序	作业内容	配分	评分标准	评判结果	小组互评 扣分	小组互评 得分	教师评分 扣分	教师评分 得分
2	组织灭火	1. 值班员对讲机通知站务员：站厅站务员、安检员、保洁员立即到A端灭火	0.5	1. 未通知站厅人员灭火或通知错误，扣3.5分	—	—	—	—	—
		2. 站务员回复：收到		2. 未回复或回复错误，扣0.5分	（ ）				
3	确认火灾模式启动	1. 值班员作业：依次点击"综合监控系统—机电—模式"按钮查看环控系统站厅火灾模式联动执行成功	0.5	1. 未点击查看"环控系统"界面确认，扣4分	—	—	—	—	—
		2. 值班员鼠标指：站厅公共区火灾模式		2. 未鼠标指或鼠标指位置错误，扣0.5分	（ ）				
		3. 值班员口呼：站厅火灾模式执行成功		3. 未口呼或口呼错误，扣0.5分	—	—	—	—	—
4	汇报火灾情况	1. 接通电话：值班员点击"环调"按钮，接通电话	—	1. 未接通电话进行汇报，扣2.25分	—	—	—	—	—
		2. 值班员汇报环调：环调，会展中心站站厅A端商铺着火，正组织灭火，环控火灾模式已启动		2. 汇报错误，扣2.25分	—	—	—	—	—
		3. 环调复诵（机器人自动复诵）		—	—	—	—	—	—
		4. 结束通话：挂断电话		4. 未挂断电话，扣0.5分	—	—	—	—	—
		5. 接通电话：值班员点击"行调"按钮，接通电话		5. 未接通电话进行汇报，扣1.25分	—	—	—	—	—
		6. 值班员汇报行调：行调，会展中心站站厅A端商铺着火，正组织灭火，申请上下行列车不停站通过		6. 汇报错误，扣1.25分	—	—	—	—	—
		7. 行调复诵：会展中心站站厅A端商铺着火，正组织灭火，申请上下行列车不停站通过，行调明白		7. 行调未复诵或复诵错误，扣1分	—	—	—	—	—
		8. 结束通话：挂断电话		8. 未挂断电话，扣0.5分	—	—	—	—	—
		9. 行调设置会展中心站上、下行站台跳停		9. 行调上行未设置跳停，扣3分；下行未设置跳停，扣3分	—	—	—	—	—
		10. 接通电话：值班员点击"其他"按键，接通电话		10. 未接通电话进行汇报，扣2.25分	—	—	—	—	—
		11. 值班员汇报"119"：119，地铁会展中心站站厅发生电气火灾，请支援灭火		11. 汇报错误，扣2.25分	—	—	—	—	—
		12. "119"回复：收到（机器人自动回复）		—	—	—	—	—	—
		13. 结束通话：挂断电话		13. 未挂断电话，扣0.5分	—	—	—	—	—
		14. 接通电话：值班员点击"其他"按钮，接通电话		14. 未接通电话进行汇报，扣2.25分	—	—	—	—	—
		15. 值班员汇报"110"：110，地铁会展中心站站厅发生电气火灾，请协助处置		15. 汇报错误，扣2.25分	—	—	—	—	—

活页 3-7

续上表

序号	作业程序	作业内容	配分	评分标准	评判结果	小组互评 扣分	小组互评 得分	教师评分 扣分	教师评分 得分
4	汇报火灾情况	16."110"回复:收到(机器人自动回复)		—	—	—	—	—	—
		17.结束通话:挂断电话		17.未挂断电话,扣0.5分	—				
		18.接通电话:值班员点击"其他"按钮,接通电话		18.未接通电话进行汇报,扣2.75分					
		19.值班员汇报"120":120,地铁会展中心站站厅发生火灾,请支援		19.汇报错误,扣2.75分					
		20."120"回复:收到(机器人自动回复)		—	—	—	—	—	—
		21.结束通话:挂断电话		21.未挂断电话,扣0.5分					
5	组织疏散	1.值班员询问现场:值班站长,火灾是否可以扑灭	16.5	1.未询问或询问语句错误,扣1分	—				
		2.值班站长回复:控制室,火灾无法扑灭,立即组织全站疏散		2.未回复或回复错误,扣0.5分	( )				
		3.值班员复诵:火灾无法扑灭,立即组织全站疏散		3.未复诵或复诵错误,扣0.5分					
		4.值班员确认广播:通过"综合监控系统"及耳听,确认"火灾紧急疏散广播"是否循环播放		—					
		5.值班员口呼:疏散广播未联动播放		5.未口呼或口呼错误,扣1分	—	—	—	—	—
		6.值班员人工双语广播(各一次):各位乘客请注意,由于车站出现紧急情况,请保持镇静,听从车站人员指引,迅速离开本站。Dear passengers, due to the emergency, please stay calm and follow the guidance of our staff to leave the station quickly		6.未人工广播或中文广播词错误或英文广播词错误,扣7分	( )				
		7.值班员确认闸机:通过视频监控系统确认所有闸机联动全开		7.未通过视频监控系统确认所有闸机全开,扣6分					
		8.值班员手指:闸机		8.未手指或手指位置错误,扣1分	( )				
		9.值班员口呼:闸机已全开		9.未口呼或口呼错误,扣1分	—	—	—	—	—
		10.值班员确认门禁:通过IBP盘确认门禁已联动全开		10.未通过IBP盘确认门禁,扣6分	( )				
		11.值班员手指:门禁指示灯		11.未手指或手指位置错误,扣1分	( )				
		12.值班员口呼:门禁已全开		12.未口呼或口呼错误,扣1分					
		13.值班员确认电梯:在"综合监控系统—机电—电扶梯"界面确认扶梯全停,直梯已停在站厅层处于停用且开门状态(停用状态)		13.未通过综合监控系统确认扶梯、直梯停梯正确,扣6分					

活页 3-8

续上表

序号	作业程序	作业内容	配分	评分标准	评判结果	小组互评 扣分	小组互评 得分	教师评分 扣分	教师评分 得分
5	组织疏散	14. 值班员手指:"综合监控系统—机电—电扶梯"界面中的扶梯、直梯	16.5	14. 未手指或手指位置错误,扣1分	( )				
		15. 值班员口呼:扶梯、直梯已停梯		15. 未口呼或口呼错误,扣1分	—	—	—	—	—
6	汇报疏散情况	1. 接通电话:值班员点击"行调"按钮,接通电话	—	1. 未接通电话进行汇报,扣1分	—	—	—	—	—
		2. 值班员汇报行调:会展中心站站厅火灾无法扑灭,现组织全站疏散,申请关闭本站,列车不经过本站站台		2. 汇报错误,扣1分	—	—	—	—	—
		3. 行调复诵:会展中心站站厅火灾无法扑灭,现组织全站疏散,申请关闭本站,列车不经过本站站台,行调明白		3. 行调未复诵或复诵错误,扣1分	—	—	—	—	—
		4. 结束通话:挂断电话		4. 未挂断电话,扣0.5分	—	—	—	—	—
		5. 行调设置世纪大道站下行站台扣车		5. 行调未设置世纪大道站下行站台扣车,扣2.5分	—	—	—	—	—
		6. 疏散完毕(系统给出提示)		—					
7	本岗位疏散	1. 接通电话:值班员点击"行调"按钮,接通电话	6	1. 未接通电话进行汇报,扣1.5分	—	—	—	—	—
		2. 值班员汇报行调:会展中心站已疏散完毕,119、120、110已到站,现场移交119处置		2. 汇报错误,扣1.5分	—	—	—	—	—
		3. 行调复诵:会展中心站已疏散完毕,119、120、110已到站,现场移交119处置,行调明白		3. 行调未复诵或复诵错误,扣0.5分	—	—	—	—	—
		4. 结束通话:挂断电话		4. 未挂断电话,扣0.5分	—	—	—	—	—
		5. 值班员穿好消防战斗服。 注:消防战斗服需在2分钟内穿戴完好。 消防战斗服穿戴要求:衣服和裤子拉链拉至顶部,魔术贴贴紧,裤子吊带套上,穿好消防靴,戴上消防头盔,戴好防护手套		5. 消防战斗服2分钟内穿戴完好为满分(满分6分),超过2分钟扣3分;未完成每项扣3分,最多扣6分	( )				
	合计		25	注:本任务假设另外75分为计算机自动评分和语音评分					
备注		应急处置完成之后,进行系统复位							

评分员签名: 　　　　　　　　　　　　　　　　　　　　　　　　　　　年　　月　　日

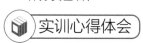
实训心得体会

活页3-9

实训任务 3.2 站厅B端火灾处置

任务情境
车站站厅 B 端商铺火灾报警。

任务要求
通过火灾报警信息快速判断着火点,在车控室内组织车站前期灭火、汇报火灾情况、组织疏散、汇报疏散情况,最后进行本岗位的疏散。

任务发布
指导教师下达任务要求,学生以 3 人为一小组的形式对任务进行确认和分解,分配组内各成员的岗位角色,采用相应任务完成后进行换岗的方法进行任务实施,以保证每位同学适应不同岗位要求。任务完成后进行小组互评和教师评分,并总结心得体会。

任务分组
建议学习者组建学习小组,制订学习计划,共同完成相关任务。

姓 名	学 号	分 工	备注	学习计划
			组长	

任务实施时间
10 分钟。

任务准备

站厅 B 端火灾处置流程　　表 3-3

序号	作业程序	作业内容
1	准备工作	1. 检查消防战斗装备等备品备件;调整腰带、头盔卡扣的松紧
		2. 按下计时按钮,开始比赛;确认火灾报警并进行客运组织作业
2	确认火灾报警	1. 查看火情:点击站层图火灾点,查看具体火情
		2. 确认火灾报警。汇报车站值班员:站厅 B 端商铺着火
		3. 车站值班员(机器人)自动回复:收到,请启动火灾模式,并进行客运组织
3	客运组织	1. 启动站厅火灾模式: (1) 点击站层图"车控室"按钮; (2) 在"车控室"场景中,点击 IBP 盘"环境与设备监控"按钮; (3) 在"环境与设备监控"场景中,依次点击"有效—站厅火灾模式—无效"按钮,启动站厅火灾模式

续上表

序号	作业程序	作业内容
3	客运组织	2. 查看环控系统站厅火灾模式联动执行成功： (1)点击"恢复视角"按钮，回到"车控室"场景中； (2)在"车控室"场景中查看"综合监控显示屏—机电—模式"界面
		3. 口呼：站厅火灾模式执行成功
		4. 确认闸机已全开状态： (1)点击"恢复视角"按钮，在"车控室"场景中点击IBP盘"闸机"按钮； (2)在"闸机"场景中，查看紧急释放灯亮，确认闸机已全开
		5. 口呼：闸机已全开
		6. 确认门禁已全开状态： (1)点击"恢复视角"按钮，在"车控室"场景中点击IBP盘"门禁"按钮； (2)在"门禁"场景中，查看紧急释放灯亮，确认门禁已全开
		7. 口呼：门禁已全开
		8. 确认7号、8号直梯已停用： 在"车控室"场景中查看"综合监控显示屏—机电—电扶梯"界面，确认7号、8号直梯已停用
		9. 口呼：7号、8号直梯已停用
		10. 挑选备品： (1)点击"恢复视角"按钮； (2)在"车控室"场景中点击"备品柜"按钮，选择"对讲机、手提广播、引导棒、反光背心、红白带、自动扶梯钥匙"添加进至"我的背包"
		11. 隔离火灾区域： (1)点击站层图B端"商铺"按钮； (2)在B端"商铺"场景中，点击"我的背包"按钮，选择"红白带—使用"按钮
		12. 紧停2号自动扶梯： (1)点击站层图"2号扶梯"按钮； (2)在"2号扶梯"场景中，口呼："紧急停止，请抓紧扶手"； (3)在"2号扶梯"场景中，按压红色停止按钮，扶梯停止运行
		13. 口呼：2号扶梯已关闭
		14. 紧停1号自动扶梯： (1)点击站层图"1号扶梯"按钮； (2)在"1号扶梯"场景中，口呼："紧急停止，请抓紧扶手"； (3)在"1号扶梯"场景中，按压红色停止按钮，扶梯停止运行
		15. 口呼：1号扶梯已关闭
		16. 紧停5号自动扶梯： (1)点击站层图"5号扶梯"按钮； (2)在"5号扶梯"场景中，口呼："紧急停止，请抓紧扶手"； (3)在"5号扶梯"场景中，按压红色停止按钮，扶梯停止运行
		17. 口呼：5号扶梯已关闭
		18. 紧停6号自动扶梯： (1)点击站层图"6号扶梯"按钮； (2)在"6号扶梯"场景中，口呼："紧急停止，请抓紧扶手"； (3)在"6号扶梯"场景中，按压红色停止按钮，扶梯停止运行
		19. 口呼：6号扶梯已关闭

活页 3-12

续上表

序号	作业程序	作业内容
3	客运组织	20. 紧停3号自动扶梯： （1）点击站层图"3号扶梯"按钮； （2）在"3号扶梯"场景中，口呼："紧急停止，请抓紧扶手"； （3）在"3号扶梯"场景中，按压红色停止按钮，扶梯停止运行
		21. 口呼：3号扶梯已关闭
		22. 紧停4号自动扶梯： （1）点击站层图"4号扶梯"按钮； （2）在"4号扶梯"场景中，口呼："紧急停止，请抓紧扶手"； （3）在"4号扶梯"场景中，按压红色停止按钮，扶梯停止运行
		23. 口呼：4号扶梯已关闭
		24. 进行组织疏散： （1）点击站层图"B出口"按钮； （2）在"B出口"场景中，点击"我的背包"按钮，选择"引导棒—使用"按钮； （3）点击站层图"站厅A出口"按钮； （4）在"站厅A出口"场景中，点击"我的背包"按钮，选择"引导棒—反光背心—手提广播—使用"按钮
		25. 语音疏导乘客疏散：乘客您好，现在出现火情，请大家不要惊慌，按照工作人员指引，有序出站
		26. 按下计时按钮：客运组织部分完成。摘下语音识别设备
4	消防灭火	1. 按下计时按钮：开始穿戴消防装备
		2. 穿消防战斗服和防护靴
		3. 将消防腰斧及消防员呼救器挂于安全腰带上，并系好安全腰带
		4. 戴好消防头盔并佩戴防爆式照明灯
		5. 戴好防护手套
		6. 携带消防应急包
		7. 口呼：穿戴准备完毕
		8. 按下计时按钮：穿戴消防装备已完成
		9. 按下计时按钮：挑选灭火器进行灭火
		10. 选择灭火器：根据着火物质和场景选择类型正确且可正常使用的灭火器
		11. 拔掉保险销
		12. 判断风向，站在上风口：站在灭火操作区中间的位置，通过观察失火场景中火焰和烟雾的风向，移步至上风口位置
		13. 灭火距离在3~5米之内
		14. 侧身朝向火焰根部，进行灭火
		15. 先灭近火再灭远火：在火灾被扑灭的过程中往火灾中心移动至少0.5米
		16. 放回灭火器：火势熄灭后，将灭火器放回指定位置
		17. 按下计时按钮：灭火完成，请脱下并恢复消防装备，带好语音识别设备
5	客运组织恢复	1. 按下计时按钮：进行客运组织恢复作业
		2. 开启5号自动扶梯上行： （1）点击站层图"5号扶梯"按钮； （2）在"5号扶梯"场景中，点击"我的背包—自动扶梯钥匙—使用"按钮； （3）点击"运行钥匙孔"按钮，表示插入钥匙； （4）点击"上行"按钮，自动扶梯开始运行； （5）待稳定运行后，点击"钥匙"按钮，表示钥匙已拔出

续上表

序号	作业程序	作业内容
5	客运组织恢复	3. 口呼:5 号扶梯已开启
		4. 开启 6 号自动扶梯下行: (1) 点击站层图"6 号扶梯"按钮; (2) 在"6 号扶梯"场景中,点击"我的背包—自动扶梯钥匙—使用"按钮; (3) 点击"运行钥匙孔"按钮,表示插入钥匙; (4) 点击"下行"按钮,自动扶梯开始运行; (5) 待稳定运行后,点击"钥匙"按钮,表示钥匙已拔出
		5. 口呼:6 号扶梯已开启
		6. 开启 3 号自动扶梯上行: (1) 点击站层图"3 号扶梯"按钮; (2) 在"3 号扶梯"场景中,点击"我的背包—自动扶梯钥匙—使用"按钮; (3) 点击"运行钥匙孔"按钮,表示插入钥匙; (4) 点击"上行"按钮,自动扶梯开始运行; (5) 待稳定运行后,点击"钥匙"按钮,表示钥匙已拔出
		7. 口呼:3 号扶梯已开启
		8. 开启 4 号自动扶梯上行: (1) 点击站层图"4 号扶梯"按钮; (2) 在"4 号扶梯"场景中,点击"我的背包—自动扶梯钥匙—使用"按钮; (3) 点击"运行钥匙孔"按钮,表示插入钥匙; (4) 点击"上行"按钮,自动扶梯开始运行; (5) 待稳定运行后,点击"钥匙"按钮,表示钥匙已拔出
		9. 口呼:4 号扶梯已开启
		10. 开启 1 号自动扶梯上行: (1) 点击站层图"1 号扶梯"按钮; (2) 在"1 号扶梯"场景中,点击"我的背包—自动扶梯钥匙—使用"按钮; (3) 点击"运行钥匙孔"按钮,表示插入钥匙; (4) 点击"上行"按钮,自动扶梯开始运行; (5) 待稳定运行后,点击"钥匙"按钮,表示钥匙已拔出
		11. 口呼:1 号扶梯已开启
		12. 开启 2 号自动扶梯上行: (1) 点击站层图"2 号扶梯"按钮; (2) 在"2 号扶梯"场景中,点击"我的背包—自动扶梯钥匙—使用"按钮; (3) 点击"运行钥匙孔"按钮,表示插入钥匙; (4) 点击"上行"按钮,自动扶梯开始运行; (5) 待稳定运行后,点击"钥匙"按钮,表示钥匙已拔出
		13. 口呼:2 号扶梯已开启
		14. 撤除隔离: (1) 点击站层图 B 端"商铺"按钮; (2) 在 B 端"商铺"场景中,点击"红白带—撤除红白带"按钮
		15. 收回引导棒: (1) 点击站层图"B 出口"按钮; (2) 在"B 出口"场景中,点击"引导棒—收回引导棒"按钮

活页 3-14

续上表

序号	作业程序	作 业 内 容
5	客运组织恢复	16. 复位火灾模式： (1)点击"恢复视角"按钮，在"车控室"场景中点击IBP盘"环境与设备监控"按钮； (2)在"环境与设备监控"场景中，点击"有效—火灾复位—无效"按钮，恢复车站正常通风
		17. 口呼：火灾模式已复位
		18. 开启7号、8号直梯： (1)点击站层图"车控室"按钮； (2)在"车控室"场景中，点击"综合监控显示屏—机电—电扶梯"按钮； (3)点击对应直梯，点击"控制—运行—执行"按钮，打开7号、8号直梯
		19. 口呼：7号、8号直梯已开启
		20. 恢复闸机： (1)点击"恢复视角"按钮，在"车控室"场景中点击IBP盘"闸机"按钮； (2)在"闸机"场景中，点击"有效"按钮，表示IBP盘投入使用； (3)点击"复位外罩—复位按钮—复位外罩"按钮，表示打开外罩，按压按钮并盖上外罩； (4)查看紧急释放灯灭，确认闸机已复位； (5)点击"无效"按钮，确认闸机控制盘无法擅动
		21. 口呼：闸机恢复正常
		22. 恢复门禁： (1)点击"恢复视角"按钮，在"车控室"场景中点击IBP盘"门禁"按钮； (2)在"门禁"场景中，点击"有效"按钮，表示可以进行操作； (3)点击"复位外罩—复位按钮—复位外罩"按钮，表示打开外罩，按压按钮并盖上外罩； (4)查看紧急释放灯灭，确认门禁已复位； (5)点击"无效"按钮，确认门禁控制盘无法擅动
		23. 口呼：门禁恢复正常
		24. 备品复位：点击"恢复视角"按钮，在"车控室"场景中，点击"备品柜—我的背包—全选—放回"按钮
		25. 口呼：备品已回收摆放到位
6	确认结束	1. 口呼：考试完毕
		2. 按下计时按钮，结束当前比赛内容

任务实施与评价

站厅B端火灾处置任务实施与评价

表3-4

学生姓名		班级		学号	
考核起止时间 (可由计算机记录)			用时 (可由计算机记录)		

说明：本表仅分配人工评分的分值。表中预留( )的地方，打"√"表示正确执行，不扣分；"×"表示未执行或错误执行，扣分。预留"—"的地方由计算机评分

序号	作业程序	作业内容	配分	评分标准	评判结果	小组互评 扣分	小组互评 得分	教师评分 扣分	教师评分 得分
1	准备工作	1. 检查消防战斗装备等备品备件：调节腰带、头盔卡扣的松紧	—	1. 根据个人尺寸，对备品备件尺寸进行相应调节		—	—	—	—
		2. 按下计时按钮，开始比赛：确认火灾报警并进行客运组织作业							

活页3–15

续上表

序号	作业程序	作业内容	配分	评分标准	评判结果	小组互评 扣分	小组互评 得分	教师评分 扣分	教师评分 得分
2	确认火灾报警	1. 查看火情:点击站层图火灾点,查看具体火情	—	1. 未点击查看,扣2分	—	—	—	—	—
		2. 确认火灾报警。汇报车站值班员:站厅B端商铺着火	—	2. 未汇报或汇报内容错误,扣2分	—	—	—	—	—
		3. 车站值班员(机器人)自动回复:收到,请启动火灾模式,并进行客运组织	—	—	—	—	—	—	—
3	客运组织	1. 启动站厅火灾模式: (1)点击站层图"车控室"按钮; (2)在"车控室"场景中,点击IBP盘"环境与设备监控"按钮; (3)在"环境与设备监控"场景中,点击"有效—站厅火灾模式—无效"按钮,启动站厅火灾模式	—	1. 扣分标准: (1)未成功开启火灾工况,扣1.5分; (2)未将钥匙恢复无效位,扣0.5分; (3)配分2分	—	—	—	—	—
		2. 查看环控系统站厅火灾模式联动执行成功: (1)点击"恢复视角"按钮,回到"车控室"场景中; (2)在"车控室"场景中点击"综合监控显示屏—机电—模式"按钮	—	2. 未查看工况,扣1分	—	—	—	—	—
		3. 口呼:站厅火灾模式执行成功	—	3. 未口呼或口呼内容错误,扣1分	—	—	—	—	—
		4. 确认闸机已全开状态: (1)点击"恢复视角"按钮,在"车控室"场景中点击IBP盘"闸机"按钮; (2)在"闸机"场景中,查看紧急释放灯亮,确认闸机已全开	—	4. 未确认闸机状态,扣1分	—	—	—	—	—
		5. 口呼:闸机已全开	—	5. 未口呼或口呼内容错误,扣0.5分	—	—	—	—	—
		6. 确认门禁已全开状态: (1)点击"恢复视角"按钮,在"车控室"场景中点击IBP盘"门禁"按钮; (2)在"门禁"场景中,查看紧急释放灯亮,确认门禁已全开	—	6. 未确认门禁状态,扣1分	—	—	—	—	—
		7. 口呼:门禁已全开	—	7. 未口呼或口呼内容错误,扣0.5分	—	—	—	—	—
		8. 确认7号、8号直梯已停用:在"车控室"场景中点击"综合监控显示屏—机电—电扶梯"按钮,确认7号、8号直梯已停用	—	8. 未确认直梯状态,扣1分	—	—	—	—	—
		9. 口呼:7号、8号直梯已停用	—	9. 未口呼或口呼内容错误,扣1分	—	—	—	—	—

活页 3—16

续上表

序号	作业程序	作业内容	配分	评分标准	评判结果	小组互评 扣分	小组互评 得分	教师评分 扣分	教师评分 得分
3	客运组织	10. 挑选备品： （1）点击"恢复视角"按钮； （2）在"车控室"场景中点击"备品柜"按钮，选择"对讲机、手提广播、引导棒、反光背心、红白带、自动扶梯钥匙"添加至"我的背包"	—	10. 扣分标准： （1）所需虚拟备品必须一次拿齐：对讲机、手提广播、引导棒、反光背心、红白带、自动扶梯钥匙，每多（少）拿一项扣3分； （2）配分6分，扣完为止	—	—	—	—	—
		11. 隔离火灾区域： （1）点击站层图B端"商铺"按钮； （2）在B端"商铺"场景中，点击"我的背包"按钮，选择"红白带—使用"按钮	—	11. 未隔离或隔离区域错误，扣2分	—	—	—	—	—
		12. 紧停2号自动扶梯： （1）点击站层图"2号扶梯"按钮； （2）在"2号扶梯"场景中，口呼："紧急停止，请抓紧扶手"； （3）在"2号扶梯"场景中，按压红色停止按钮，扶梯停止运行	—	12. 扣分标准： （1）未口呼、口呼内容错误或未在紧停扶梯前口呼，扣1分； （2）未关闭自动扶梯，扣1分； （3）配分2分	—	—	—	—	—
		13. 口呼：2号扶梯已关闭	—	13. 未口呼或口呼内容错误，扣0.5分	—	—	—	—	—
		14. 紧停1号自动扶梯： （1）点击站层图"1号扶梯"按钮； （2）在"1号扶梯"场景中，口呼："紧急停止，请抓紧扶手"； （3）在"1号扶梯"场景中，按压红色停止按钮，扶梯停止运行	—	14. 扣分标准： （1）未口呼、口呼内容错误或未在紧停扶梯前口呼，扣1分； （2）未关闭自动扶梯，扣1分； （3）配分2分	—	—	—	—	—
		15. 口呼：1号扶梯已关闭	—	15. 未口呼或口呼内容错误，扣0.5分	—	—	—	—	—
		16. 紧停5号自动扶梯： （1）点击站层图"5号扶梯"按钮； （2）在"5号扶梯"场景中，口呼："紧急停止，请抓紧扶手"； （3）在"5号扶梯"场景中，按压红色停止按钮，扶梯停止运行	—	16. 扣分标准： （1）未口呼、口呼内容错误或未在紧停扶梯前口呼，扣1分； （2）未关闭自动扶梯，扣1分； （3）配分2分	—	—	—	—	—
		17. 口呼：5号扶梯已关闭	—	17. 未口呼或口呼内容错误，扣0.5分	—	—	—	—	—
		18. 紧停6号自动扶梯： （1）点击站层图"6号扶梯"按钮； （2）在"6号扶梯"场景中，口呼："紧急停止，请抓紧扶手"； （3）在"6号扶梯"场景中，按压红色停止按钮，扶梯停止运行	—	18. 扣分标准： （1）未口呼、口呼内容错误或未在紧停扶梯前口呼，扣1分； （2）未关闭自动扶梯，扣1分； （3）配分2分。 注：步骤16、18操作无先后顺序要求，但每操作完成必须正确口呼	—	—	—	—	—

活页 3-17

续上表

序号	作业程序	作业内容	配分	评分标准	评判结果	小组互评 扣分	小组互评 得分	教师评分 扣分	教师评分 得分
3	客运组织	19. 口呼:6号扶梯已关闭	—	19. 未口呼或口呼内容错误,扣0.5分	—	—	—	—	—
		20. 紧停3号自动扶梯: (1) 点击站层图"3号扶梯"按钮; (2) 在"3号扶梯"场景中,口呼:"紧急停止,请抓紧扶手"; (3) 在"3号扶梯"场景中,按压红色停止按钮,扶梯停止运行	—	20. 扣分标准: (1) 未口呼、口呼内容错误或未在紧停扶梯前口呼,扣1分; (2) 未关闭自动扶梯,扣1分; (3) 配分2分	—				
		21. 口呼:3号扶梯已关闭	—	21. 未口呼或口呼内容错误,扣0.5分	—				
		22. 紧停4号自动扶梯: (1) 点击站层图"4号扶梯"按钮; (2) 在"4号扶梯"场景中,口呼:"紧急停止,请抓紧扶手"; (3) 在"4号扶梯"场景中,按压红色停止按钮,扶梯停止运行	—	22. 扣分标准: (1) 未口呼、口呼内容错误或未在紧停扶梯前口呼,扣1分; (2) 未关闭自动扶梯,扣1分; (3) 配分2分。 注:步骤20、22操作无先后顺序要求,但每操作完成必须正确口呼	—				
		23. 口呼:4号扶梯已关闭	—	23. 未口呼或口呼内容错误,扣0.5分	—	—	—	—	—
		24. 进行组织疏散: (1) 点击站层图"B出口"按钮; (2) 在"B出口"场景中,点击"我的背包"按钮,选择"引导棒—使用"按钮; (3) 点击站层图"站厅A出口"按钮; (4) 在"站厅C出口"场景中,点击"我的背包"按钮,选择"引导棒—反光背心—手提广播—使用"按钮	—	24. 扣分标准: (1) 未在B出口使用引导棒,扣1分; (2) 未在站厅A出口使用引导棒、反光背心、手提广播,每缺一样扣1分; (3) 配分4分	—	—	—	—	—
		25. 语音疏导乘客疏散:乘客您好,现在出现火情,请大家不要惊慌,按照工作人员指引,有序出站	—	25. 未人工广播或广播词语错误,扣2分					
		26. 按下计时按钮。摘下语音识别设备	—	—	—	—	—	—	—
4	消防灭火	1. 按下计时按钮:开始穿戴消防装备		1. 注意事项:穿戴消防服前摘下语音识别设备	—	—	—	—	—
		2. 穿消防战斗服和防护靴。 要求:衣服和裤子拉链拉至顶部、所有魔术贴贴紧、裤子吊带套上、裤子在靴外不得塞入靴内、裤脚自然垂下、不得完全露出防护靴上的黄色圆圈。	5	2. 不符合要求,每项扣1分,配分5分,扣完为止	( )				

活页3—18

续上表

序号	作业程序	作业内容	配分	评分标准	评判结果	小组互评		教师评分	
						扣分	得分	扣分	得分
4	消防灭火	3. 将消防腰斧及消防员呼救器挂于安全腰带上,并系好安全腰带	2	3. 扣分标准: (1)未系安全腰带,或腰带松垮,扣2分	( )				
			2	(2)未携带或未将消防员呼救器挂于安全腰带上扣2分	( )				
		4. 戴好消防头盔并佩戴防爆式照明灯	2	4. 扣分标准: (1)未戴上消防头盔,或消防头盔卡扣松垮,扣2分	( )				
			1	(2)未佩戴防爆式照明灯,扣1分	( )				
		5. 戴好防护手套	1	5. 未戴防护手套,扣1分	( )				
		6. 携带消防应急包	1	6. 未携带消防应急包,扣1分	( )				
		7. 口呼:穿戴准备完毕	1	7. 未口呼或口呼内容错误,扣1分	( )				
		8. 按下计时按钮:穿戴消防装备已完成	—	8. 穿戴消防装备标准时间是2分钟,2分钟内完成穿戴不扣分,超过2分钟,每多1秒扣1分,最多扣5分,本项只扣不加		—	—	—	—
		9. 按下计时按钮:挑选灭火器进行灭火	—	—		—	—	—	—
		10. 选择灭火器:根据着火物质和场景选类型正确且可正常使用的灭火器	—	10. 选错灭火器(以按下灭火器手柄为准),扣10分。直到选对灭火器,才能继续灭火操作					
		11. 拔掉保险销	—	—		—	—	—	—
		12. 判断风向,站在上风口:站在灭火操作区中间的位置,通过观察失火场景中火焰和烟雾的风向,移步至上风口位置	—	12. 上风口选择错误,扣2分		—	—	—	—
		13. 灭火距离在3~5米之内	—	13. 灭火距离未在3~5米之内,扣2分		—	—	—	—
		14. 侧身朝向火焰根部,进行灭火	—	14. 扣分标准: (1)未对准火焰根部,扣2分; (2)未侧身,扣1分; (3)配分3分					
		15. 先灭近火再灭远火:在火灾被扑灭的过程中往火灾中心移动至少0.5米	—	15. 未向火灾中心移动至少0.5米,扣1分		—	—	—	—
		16. 放回灭火器:火势熄灭后,将灭火器放回指定位置	—	16. 扣分标准: (1)火未熄灭而停止操作,扣6分; (2)灭火器未放回指定位置,扣1分; (3)配分7分		—	—	—	—

活页3-19

续上表

序号	作业程序	作业内容	配分	评分标准	评判结果	小组互评		教师评分	
						扣分	得分	扣分	得分
4	消防灭火	17. 按下计时按钮:灭火完成,请脱下并恢复消防装备,带好语音识别设备	—	17.灭火操作标准时间是18秒,18秒内完成灭火,不扣分;超过18秒,每多1秒扣1分,最多扣5分,本项只扣不加	—	—	—	—	—
5	客运组织恢复	1. 按下计时按钮:进行客运组织恢复作业	—	—	—	—	—	—	—
		2. 开启5号自动扶梯上行: (1)点击站层图"5号扶梯"按钮; (2)在"5号扶梯"场景中,点击"我的背包—自动扶梯钥匙—使用"按钮; (3)点击"运行钥匙孔"按钮,表示插入钥匙; (4)点击"上行"按钮,自动扶梯开始运行; (5)待稳定运行后,点击"钥匙"按钮,表示钥匙已拔出	—	2. 扣分标准: (1)操作编号错误或开启方向错误,扣0.5分; (2)未拔出钥匙,扣0.5分; (3)配分1分	—	—	—	—	—
		3. 口呼:5号扶梯已开启	—	3. 未口呼或口呼内容错误,扣0.5分	—	—	—	—	—
		4. 开启6号自动扶梯下行: (1)点击站层图"6号扶梯"按钮; (2)在"6号扶梯"场景中,点击"我的背包—自动扶梯钥匙—使用"按钮; (3)点击"运行钥匙孔"按钮,表示插入钥匙; (4)点击"下行"按钮,自动扶梯开始运行; (5)待稳定运行后,点击"钥匙"按钮,表示钥匙已拔出	—	4. 扣分标准: (1)操作编号错误或开启方向错误,扣0.5分; (2)未拔出钥匙,扣0.5分; (3)配分1分。 注:步骤2、4操作无先后顺序要求,但每操作完成必须正确口呼	—	—	—	—	—
		5. 口呼:6号扶梯已开启	—	5. 未口呼或口呼内容错误,扣0.5分	—	—	—	—	—
		6. 开启3号自动扶梯上行: (1)点击站层图"3号扶梯"按钮; (2)在"3号扶梯"场景中,点击"我的背包—自动扶梯钥匙—使用"按钮; (3)点击"运行钥匙孔"按钮,表示插入钥匙; (4)点击"上行"按钮,自动扶梯开始运行; (5)待稳定运行后,点击"钥匙"按钮,表示钥匙已拔出	—	6. 扣分标准: (1)操作编号错误或开启方向错误,扣0.5分; (2)未拔出钥匙,扣0.5分; (3)配分3分	—	—	—	—	—
		7. 口呼:3号扶梯已开启	—	7. 未口呼或口呼内容错误,扣0.5分	—	—	—	—	—

续上表

序号	作业程序	作业内容	配分	评分标准	评判结果	小组互评 扣分	小组互评 得分	教师评分 扣分	教师评分 得分
5	客运组织恢复	8. 开启4号自动扶梯上行： （1）点击站层图"4号扶梯"按钮； （2）在"4号扶梯"场景中，点击"我的背包—自动扶梯钥匙—使用"按钮； （3）点击"运行钥匙孔"按钮，表示插入钥匙； （4）点击"上行"按钮，自动扶梯开始运行； （5）待稳定运行后，点击"钥匙"按钮，表示钥匙已拔出	—	8. 扣分标准： （1）操作编号错误或开启方向错误，扣0.5分； （2）未拔出钥匙，扣0.5分； （3）配分1分。 注：步骤6、8操作无先后顺序要求，但每操作完成必须正确口呼	—	—	—	—	—
		9. 口呼：4号扶梯已开启	—	9. 未口呼或口呼内容错误，扣0.5分	—	—	—	—	—
		10. 开启1号自动扶梯上行： （1）点击站层图"1号扶梯"按钮； （2）在"1号扶梯"场景中，点击"我的背包—自动扶梯钥匙—使用"按钮； （3）点击"运行钥匙孔"按钮，表示插入钥匙； （4）点击"上行"按钮，自动扶梯开始运行； （5）待稳定运行后，点击"钥匙"按钮，表示钥匙已拔出	—	10. 扣分标准： （1）操作编号错误或开启方向错误，扣0.5分； （2）未拔出钥匙，扣0.5分； （3）配分1分	—	—	—	—	—
		11. 口呼：1号扶梯已开启	—	11. 未口呼或口呼内容错误，扣0.5分	—	—	—	—	—
		12. 开启2号自动扶梯上行： （1）点击站层图"2号扶梯"按钮； （2）在"2号扶梯"场景中，点击"我的背包—自动扶梯钥匙—使用"按钮； （3）点击"运行钥匙孔"按钮，表示插入钥匙； （4）点击"上行"按钮，自动扶梯开始运行； （5）待稳定运行后，点击"钥匙"按钮，表示钥匙已拔出	—	12. 扣分标准： （1）操作编号错误或开启方向错误，扣0.5分； （2）未拔出钥匙，扣0.5分； （3）配分1分	—	—	—	—	—
		13. 口呼：2号扶梯已开启	—	13. 未口呼或口呼内容错误，扣0.5分	—	—	—	—	—
		14. 撤除隔离： （1）点击站层图B端"商铺"按钮； （2）在B端"商铺"场景中，点击"红白带—撤除红白带"按钮	—	14. 未撤除红白带，每处扣0.5分，配分1分	—	—	—	—	—
		15. 收回引导棒： （1）点击站层图"B出口"按钮； （2）在"B出口"场景中，点击"引导棒—收回引导棒"按钮	—	15. 未收回引导棒，扣1分	—	—	—	—	—

活页 3-21

续上表

序号	作业程序	作业内容	配分	评分标准	评判结果	小组互评 扣分	小组互评 得分	教师评分 扣分	教师评分 得分
5	客运组织恢复	16. 复位火灾模式： （1）点击"恢复视角"按钮，在"车控室"场景中点击IBP盘"环境与设备监控"按钮； （2）在"环境与设备监控"场景中，点击"有效—火灾复位—无效"按钮，恢复车站正常通风	—	16. 扣分标准： （1）未将火灾复位，扣0.5分； （2）未将钥匙恢复无效位，扣0.5分； （3）配分1分	—	—	—	—	—
		17. 口呼：火灾模式已复位	—	17. 未口呼或口呼内容错误，扣0.5分	—	—	—	—	—
		18. 开启7号、8号直梯： （1）点击站层图"车控室"按钮； （2）在"车控室"场景中，点击"综合监控显示屏—机电—电扶梯"按钮； （3）点击对应直梯，点击"控制—运行—执行"按钮，打开7号、8号直梯	—	18. 未开启直梯，每个扣0.5分，配分1分	—	—	—	—	—
		19. 口呼：7号、8号直梯已开启	—	19. 未口呼或口呼内容错误，扣0.5分	—	—	—	—	—
		20. 恢复闸机： （1）点击"恢复视角"按钮，在"车控室"场景中点击IBP盘"闸机"按钮； （2）在"闸机"场景中，点击"有效"按钮，表示IBP盘投入使用； （3）点击"复位外罩—复位按钮—复位外罩"按钮，表示打开外罩，按压按钮并盖上外罩； （4）查看紧急释放灯灭，确认闸机已复位； （5）点击"无效"按钮，确认闸机控制盘无法撼动	—	20. 扣分标准： （1）未复位闸机，扣0.5分； （2）未将钥匙恢复无效位，扣0.5分； （3）配分1分	—	—	—	—	—
		21. 口呼：闸机恢复正常	—	21. 未口呼或口呼内容错误，扣0.5分	—	—	—	—	—
		22. 恢复门禁： （1）点击"恢复视角"按钮，在"车控室"场景中点击IBP盘"门禁"按钮； （2）在"门禁"场景中，点击"有效"按钮，表示可以进行操作； （3）点击"复位外罩—复位按钮—复位外罩"按钮，表示打开外罩，按压按钮并盖上外罩； （4）查看紧急释放灯灭，确认门禁已复位； （5）点击"无效"按钮，确认门禁控制盘无法撼动	—	22. 扣分标准： （1）未复位门禁，扣0.5分； （2）未将钥匙恢复无效位，扣0.5分； （3）配分1分	—	—	—	—	—

活页 3-22

续上表

序号	作业程序	作业内容	配分	评分标准	评判结果	小组互评 扣分	小组互评 得分	教师评分 扣分	教师评分 得分
5	客运组织恢复	23. 口呼:门禁恢复正常	—	23. 未口呼或口呼内容错误,扣0.5分	—	—	—	—	—
		24. 备品复位:点击"恢复视角"按钮,在"车控室"场景中,点击"备品柜—我的背包—全选—放回"按钮	—	24. 未放回所有备品,扣0.5分	—	—	—	—	—
		25. 口呼:备品已回收摆放到位	—	25. 未口呼或口呼内容错误,扣0.5分	—	—	—	—	—
6	确认结束	1. 口呼:实训完毕 2. 按下计时按钮,结束当前实训内容	—	—	—	—	—	—	—
	合计		15	注:本任务假设另外85分为计算机自动评分和语音评分					
备注	应急处置完成之后,进行系统复位								

评分员签名:　　　　　　　　　　　　　　　　　　　　　　　　年　　月　　日

 实训心得体会

活页 3-23

实训任务 3.3 站台A端火灾处置

任务情境

综合监控系统(模拟器)显示站台 A 端 2 个烟感报警器报警。

任务要求

能通过火灾报警信息快速判断着火点,在车控室内组织车站前期灭火、汇报火灾情况、组织疏散、汇报疏散情况,最后进行本岗位的疏散。

任务发布

指导教师下达任务要求,学生以 3 人为一小组的形式对任务进行确认和分解,分配组内各成员的岗位角色,采用相应任务完成后进行换岗的方法进行任务实施,以保证每位同学适应不同岗位要求。任务完成后进行小组互评和教师评分,并总结心得体会。

任务分组

建议学习者组建学习小组,制订学习计划,共同完成相关任务。

姓　名	学　号	分　工	备注	学习计划
			组长	

任务实施时间

10 分钟。

任务准备

站台 A 端火灾处置流程　　　　　　　　　　　　　　　　表 3-5

序号	作业程序	值 班 员	行调/环调/"119"/"110"/"120"	值班站长/站务员
1	确认火灾报警	综合监控系统发出火灾报警信息。 1. 值班员作业:点击"综合监控系统—火灾报警—站台报警—公共区"按钮查看报警烟感位置 2. 值班员鼠标指:报警的烟感设备 3. 值班员口呼:站台 A 端火灾报警 4. 值班员对讲机汇报值班站长:值班站长,站台 A 端火灾报警,请立即确认		5. 值班站长回复:站台 A 端火灾报警,立即确认,值班站长明白

活页 3-25

续上表

序号	作业程序	值班员	行调/环调/"119"/"110"/"120"	值班站长/站务员
1	确认火灾报警	6. 值班员作业:点击"综合监控系统—视频监控系统"按钮查看火情		
		7. 值班员手指:站台A端扶梯		
		8. 值班员口呼:站台A端扶梯着火		
2	组织灭火	1. 值班员对讲机通知:站厅站务员、安检员、保洁员立即到站台A端灭火		
				2. 站务员回复:收到
3	确认火灾模式启动	1. 值班员作业:点击"综合监控系统—机电—模式"按钮查看环控系统站台火灾模式联动执行成功		
		2. 值班员鼠标指:站台公共区火灾模式		
		3. 值班员口呼:站台火灾模式执行成功		
4	汇报火灾情况	1. 接通电话:值班员点击"环调"按钮,接通电话		
		2. 值班员汇报环调:环调,会展中心站站台A端扶梯着火,正组织灭火,环控火灾模式已启动		
			3. 环调复诵:会展中心站站台A端扶梯着火,正组织灭火,环控火灾模式已启动,环调明白	
		4. 结束通话:挂断电话		
		5. 接通电话:值班员点击"行调"按钮,接通电话		
		6. 值班员汇报行调:行调,会展中心站站台A端扶梯着火,正组织灭火,申请上下行列车不停站通过		
			7. 行调复诵:会展中心站站台A端扶梯着火,正组织灭火,申请上下行列车不停站通过,行调明白	
		8. 结束通话:挂断电话		
			9. 行调设置会展中心站上下行站台跳停	
		10. 接通电话:值班员点击"其他"按钮,接通电话		
		11. 值班员汇报"119":119,地铁会展中心站站台发生电气火灾,请支援灭火		
			12. "119"回复:收到	
		13. 结束通话:挂断电话		
		14. 接通电话:值班员点击"其他"按钮,接通电话		
		15. 值班员汇报"110":110,地铁会展中心站站台发生电气火灾,请协助处置		
			16. "110"回复:收到	
		17. 结束通话:挂断电话		
		18. 接通电话:值班员点击"其他"按钮,接通电话		
		19. 值班员汇报"120":120,地铁会展中心站站台发生火灾,请支援		
			20. "120"回复:收到	
		21. 结束通话:挂断电话		

活页3-26

续上表

序号	作业程序	值班员	行调/环调/"119"/"110"/"120"	值班站长/站务员
5	组织疏散	1. 值班员询问现场:值班站长,火灾是否可以扑灭?		
				2. 值班站长回复:控制室,火灾无法扑灭,立即组织全站疏散
		3. 值班员复诵:火灾无法扑灭,立即组织全站疏散		
		4. 值班员确认广播:通过"综合监控系统"及耳听,确认"火灾紧急疏散广播"是否循环播放		
		5. 值班员口呼:疏散广播未联动播放		
		6. 值班员人工双语广播(各一次):各位乘客请注意,由于车站出现紧急情况,请保持镇静,听从车站人员指引,迅速离开本站。Dear passengers, due to the emergency, please stay calm and follow the guidance of our staff to leave the station quickly		
		7. 值班员确认闸机:通过视频监控系统确认闸机已全开状态(闸机未能联动打开)		
		8. 值班员手指眼看:闸机		
		9. 值班员口呼:闸机未能联动打开		
		10. 值班员作业:在IBP盘操作闸机紧急释放		
		11. 值班员手指眼看:闸机		
		12. 值班员口呼:闸机已全开		
		13. 值班员确认门禁:通过IBP盘确认门禁已联动全开		
		14. 值班员手指:门禁指示灯		
		15. 值班员口呼:门禁已全开		
		16. 值班员确认电梯:查看"综合监控系统—机电—电扶梯"界面确认扶梯全停,直梯已停在站厅层处于停用且开门状态(停用状态)		
		17. 值班员手指:"综合监控—机电—电扶梯"界面中的扶梯、直梯		
		18. 值班员口呼:扶梯、直梯已停梯		
6	汇报疏散情况	1. 接通电话:值班员点击"行调"按钮,接通电话		
		2. 值班员汇报行调:会展中心站站台火灾无法扑灭,现组织全站疏散,申请关闭本站,列车不经过本站站台		
			3. 行调复诵:会展中心站站台火灾无法扑灭,现组织全站疏散,申请关闭本站,列车不经过本站站台,行调明白	
		4. 值班员结束通话:挂断电话		

续上表

序号	作业程序	值班员	行调/环调/"119"/"110"/"120"	值班站长/站务员
6	汇报疏散情况		5.行调设置世纪大道站下行站台扣车	
		6.值班员作业:确认上下行区间或站台均无列车时,在IBP盘操作打开上行站台门排烟		
		7.值班员确认站台门:通过视频监控系统确认对应侧站台门已打开		
		8.值班员手指眼看:视频监控系统中的站台门		
		9.值班员口呼:上行站台门已打开		
		10.值班员确认隧道排烟:通过综合监控系统确认隧道排烟启动正确		
		11.值班员手指:隧道排烟设备		
		12.值班员口呼:隧道排烟模式启动正确		
		13.疏散完毕(系统给出提示)		
7	本岗位疏散	1.接通电话:值班员点击"行调"按钮,接通电话		
		2.值班员汇报行调:会展中心站已疏散完毕,119、120、110已到站,现场移交119处置		
			3.行调复诵:会展中心站已疏散完毕,119、120、110已到站,现场移交119处置,行调明白	
		4.结束通话:挂断电话		
		5.值班员穿好消防战斗服		

任务实施与评价

站台A端火灾处置任务实施与评价　　　　　　　　　　　　　　　表3-6

学生姓名		班级		学号	
考核起止时间(可由计算机记录)			用时(可由计算机记录)		

说明:本表仅分配人工评分的分值。表中预留( )的地方,打"√"表示正确执行,不扣分;"×"表示未执行或错误执行,扣分。预留"—"的地方由计算机评分

序号	作业程序	作业内容	配分	评分标准	评判结果	小组互评 扣分	小组互评 得分	教师评分 扣分	教师评分 得分
1	确认火灾报警	综合监控系统发出火灾报警信息。1.值班员作业:点击"综合监控系统—火灾报警—站台报警—公共区"按钮查看报警烟感位置	1.5	1.未点击查看"火灾报警"界面,扣3分	—				
		2.值班员鼠标指:报警的烟感报警设备		2.未鼠标指或鼠标指位置错误,扣0.5分	( )				
		3.值班员口呼:站台A端火灾报警		3.未口呼或口呼错误,扣0.5分	—				

续上表

序号	作业程序	作业内容	配分	评分标准	评判结果	小组互评 扣分	小组互评 得分	教师评分 扣分	教师评分 得分
1	确认火灾报警	4. 值班员对讲机汇报值班站长:值班站长,站台A端火灾报警,请立即确认	1.5	4. 报警开始15秒内未通知值班站长现场确认,扣2.5分	—	—	—	—	—
		5. 值班站长回复:站台A端火灾报警,立即确认,值班站长明白		5. 未回复或回复错误,扣0.5分	( )				
		6. 值班员作业:点击"综合监控系统—视频监控系统"按钮查看火情		6. 未查看火情,扣3分					
		7. 值班员手指:站台A端扶梯		7. 未手指或手指位置错误,扣0.5分	( )				
		8. 值班员口呼:站台A端扶梯着火		8. 未口呼或口呼错误,扣0.5分	—	—	—	—	—
2	组织灭火	1. 对讲机通知:站厅站务员、安检员、保洁员立即到站台A端灭火	0.5	1. 未通知站厅人员灭火或通知错误,扣3.5分					
		2. 站务员回复:收到		2. 未回复或回复错误,扣0.5分	( )				
3	确认火灾模式启动	1. 值班员作业:点击"综合监控系统—机电—模式"按钮查看环控系统站台火灾模式联动执行成功	0.5	1. 未点击查看"环控系统"界面确认,扣4分					
		2. 值班员鼠标指:站台公共区火灾模式		2. 未鼠标指或鼠标指位置错误,扣0.5分	( )				
		3. 值班员口呼:站台火灾模式执行成功		3. 未口呼或口呼错误,扣0.5分	—	—	—	—	—
4	汇报火灾情况	1. 接通电话:值班员点击"环调"按钮,接通电话	—	1. 未接通电话进行汇报,扣1.75分	—	—	—	—	—
		2. 值班员汇报环调:环调,会展中心站站台A端扶梯着火,正组织灭火,环控火灾模式已启动		2. 汇报错误,扣1.75分					
		3. 环调复诵(机器人自动复诵)		—	—	—	—	—	—
		4. 结束通话:挂断电话		4. 未挂断电话,扣0.5分					
		5. 接通电话:值班员点击"行调"按钮,接通电话		5. 未接通电话进行汇报,扣1.25分					
		6. 值班员汇报行调:行调,会展中心站站台A端扶梯着火,正组织灭火,申请上下行列车不停站通过		6. 汇报错误,扣1.25分	—	—	—	—	—
		7. 行调复诵:会展中心站站台A端扶梯着火,正组织灭火,申请上下行列车不停站通过,行调明白		7. 行调未复诵或复诵错误,扣1分					
		8. 结束通话:挂断电话		8. 未挂断电话,扣0.5分	—	—	—	—	—
		9. 行调设置会展中心站上下行站台跳停		9. 行调未设置上行跳停,扣3分;未设置下行跳停,扣3分	—	—	—	—	—

活页 3-29

续上表

序号	作业程序	作业内容	配分	评分标准	评判结果	小组互评 扣分	小组互评 得分	教师评分 扣分	教师评分 得分
4	汇报火灾情况	10. 接通电话:值班员点击"其他"按钮,接通电话	—	10. 未接通电话进行汇报,扣1.75分	—	—	—	—	—
		11. 值班员汇报"119":119,地铁会展中心站站台发生电气火灾,请支援灭火		11. 汇报错误,扣1.75分	—	—	—	—	—
		12. "119"回复:收到		—	—	—	—	—	—
		13. 结束通话:挂断电话		13. 未挂断电话,扣0.5分	—	—	—	—	—
		14. 接通电话:值班员点击"其他"按钮,接通电话		14. 未接通电话进行汇报,扣1.75分	—	—	—	—	—
		15. 值班员汇报"110":派出所,地铁会展中心站站台发生电气火灾,请协助处置		15. 汇报错误,扣1.75分	—	—	—	—	—
		16. "110"回复:收到		—	—	—	—	—	—
		17. 结束通话:挂断电话		17. 未挂断电话,扣0.5分	—	—	—	—	—
		18. 接通电话:值班员点击"其他"按钮,接通电话		18. 未接通电话进行汇报,扣1.75分	—	—	—	—	—
		19. 值班员汇报"120":120,地铁会展中心站站台发生火灾,请支援		19. 汇报错误,扣1.75分	—	—	—	—	—
		20. "120"回复:收到		—	—	—	—	—	—
		21. 结束通话:挂断电话		21. 未挂断电话,扣0.5分	—	—	—	—	—
5	组织疏散	1. 值班员询问现场:值班站长,火灾是否可以扑灭?	10.5	1. 未询问或询问语句错误,扣0.5分	—	—	—	—	—
		2. 值班站长回复:控制室,火灾无法扑灭,立即组织全站疏散		2. 未回复或回复错误,扣0.5分	( )				
		3. 值班员复诵:火灾无法扑灭,立即组织全站疏散		3. 未复诵或复诵错误,扣0.5分	—	—	—	—	—
		4. 值班员确认广播:通过"综合监控系统"及耳听,确认"火灾紧急疏散广播"是否循环播放		—					
		5. 值班员口呼:疏散广播未联动播放		5. 未口呼或口呼错误,扣0.5分	—	—	—	—	—
		6. 值班员人工双语广播(各一次):各位乘客请注意,由于车站出现紧急情况,请保持镇静,听从车站人员指引,迅速离开本站。Dear passengers, due to the emergency, please stay calm and follow the guidance of our staff to leave the station quickly		6. 未人工广播或中文广播词错误或英文广播词错误,扣5分	( )				

活页 3-30

续上表

序号	作业程序	作业内容	配分	评分标准	评判结果	小组互评 扣分	小组互评 得分	教师评分 扣分	教师评分 得分
5	组织疏散	7.值班员确认闸机:通过视频监控系统确认闸机已全开状态(闸机未能联动打开)	10.5	7.未通过视频监控系统确认所有闸机全开,扣3分	—	—	—	—	—
		8.值班员手指眼看:视频监控系统中的闸机		8.未手指或手指位置错误,扣0.5分	( )				
		9.值班员口呼:闸机未能联动打开		9.未口呼或口呼错误,扣0.5分	—	—	—	—	—
		10.值班员作业:在IBP盘操作闸机紧急释放		10.未通过IBP盘闸机释放,扣5分					
		11.值班员手指眼看:视频监控系统中的闸机		11.未手指或手指位置错误,扣0.5分	( )				
		12.值班员口呼:闸机已全开		12.未口呼或口呼错误,扣0.5分	—	—	—	—	—
		13.值班员确认门禁:通过IBP盘确认门禁已联动全开		13.未通过IBP盘确认门禁,扣3分	( )				
		14.值班员手指:门禁指示灯		14.未手指或手指位置错误,扣0.5分	( )				
		15.值班员口呼:门禁已全开		15.未口呼或口呼错误,扣0.5分	—	—	—	—	—
		16.值班员确认电梯:查看"综合监控系统—机电—电扶梯"界面确认扶梯全停,直梯已停在站厅层处于停用且开门状态(停用状态)		16.未通过综合监控系统确认扶梯、直梯停梯正确,扣3分					
		17.值班员手指:扶梯、直梯		17.未手指或手指位置错误,扣0.5分	( )				
		18.值班员口呼:扶梯、直梯已停梯		18.未口呼或口呼错误,扣0.5分	—	—	—	—	—
6	汇报疏散情况	1.接通电话:值班员点击"行调"按钮,接通电话	1	1.未接通电话进行汇报,扣1.75分					
		2.值班员汇报行调:会展中心站站台火灾无法扑灭,现组织全站疏散,申请关闭本站,列车不经过本站站台		2.汇报错误,扣1.75分					
		3.行调复诵:会展中心站站台火灾无法扑灭,现组织全站疏散,申请关闭本站,列车不经过本站站台,行调明白		3.未复诵或复诵错误,扣1分					
		4.值班员结束通话:挂断电话		4.未挂断电话,扣0.5分	—	—	—	—	—
		5.行调设置世纪大道站下行站台扣车		5.行调未设置世纪大道站下行站台扣车,扣2分					
		6.值班员作业:确认上下行区间或站台均无列车时,在IBP盘操作打开上行站台门排烟		6.未通过IBP盘操作打开上行站台门,或者在上下行区间或站台有车时操作打开站台门,扣3分					

活页3-31

续上表

序号	作业程序	作业内容	配分	评分标准	评判结果	小组互评 扣分	小组互评 得分	教师评分 扣分	教师评分 得分
6	汇报疏散情况	7. 值班员确认站台门：通过视频监控系统确认对应侧站台门已打开	1	7. 未通过视频监控系统确认站台门全开，扣3分	—	—	—	—	—
		8. 值班员手指眼看：视频监控系统中的站台门		8. 未手指或手指位置错误，扣0.5分	( )				
		9. 值班员口呼：上行站台门已打开		9. 未口呼或口呼错误，扣0.5分					
		10. 值班员确认隧道排烟：通过综合监控系统确认隧道排烟启动正确		10. 未通过综合监控系统确认隧道排烟正确，扣4分	—				
		11. 值班员手指：隧道排烟设备		11. 未手指或手指位置错误，扣0.5分	( )				
		12. 值班员口呼：隧道排烟模式启动正确		12. 未口呼或口呼错误，扣0.5分	—				
		13. 疏散完毕（系统给出提示）		—	—				
7	本岗位疏散	1. 接通电话：值班员点击"行调"按钮，接通电话	6	1. 未接通电话进行汇报，扣1.5分	—				
		2. 值班员汇报行调：会展中心站已疏散完毕，119、120、110已到站，现场移交119处置		2. 汇报错误，扣1.5分	—				
		3. 行调复诵：会展中心站已疏散完毕，119、120、110已到站，现场移交119处置，行调明白		3. 未复诵或复诵错误，扣0.5分	—				
		4. 结束通话：挂断电话		4. 未挂断电话，扣0.5分	—				
		5. 值班员穿好消防战斗服。注：消防战斗服需在2分钟内穿戴完好。消防战斗服穿戴要求：衣服和裤子拉链拉至顶部，魔术贴贴紧，裤子吊带套上，穿好消防靴，戴上消防头盔，戴好防护手套		5. 消防战斗服2分钟内穿戴完好为满分（满分6分），超过2分钟扣3分；未完成每项扣3分，最多扣6分	( )				
	合计		20	注：本任务假设另80分为计算机自动评分和语音评分					

评分员签名：　　　　　　　　　　　　　　　　　　　　　　　　　　年　　月　　日

实训心得体会

实训任务 3.4 站台B端火灾处置

任务情境

车站站台 B 端垃圾桶火灾报警。

任务要求

能通过火灾报警信息快速判断着火点,在车控室内组织车站前期灭火、汇报火灾情况、组织疏散、汇报疏散情况,最后进行本岗位的疏散。

任务发布

指导教师下达任务要求,学生以3人为一小组的形式对任务进行确认和分解,分配组内各成员的岗位角色,采用相应任务完成后进行换岗的方法进行任务实施,以保证每位同学适应不同岗位要求。任务完成后进行小组互评和教师评分,并总结心得体会。

任务分组

建议学习者组建学习小组,制订学习计划,共同完成相关任务。

姓 名	学 号	分 工	备注	学习计划
			组长	

任务实施时间

10 分钟。

任务准备

站台 B 端火灾处置流程 表 3-7

序号	作业程序	作业内容
1	准备工作	1. 检查消防战斗装备等备品备件;调整腰带、头盔卡扣的松紧
		2. 按下计时按钮,开始比赛;确认火灾报警并进行客运组织作业
2	确认火灾报警	1. 查看火情:点击站层图火灾点,查看具体火情
		2. 确认火灾报警。汇报车站值班员:站台 B 端垃圾桶着火
		3. 车站值班员(机器人)自动回复:收到,请启动火灾模式,并进行客运组织
3	客运组织	1. 启动站厅火灾模式: (1) 点击站层图"车控室"按钮; (2) 在"车控室"场景中点击 IBP 盘"环境与设备监控"按钮; (3) 在"环境与设备监控"场景中,点击"有效—站台火灾模式—无效"按钮,启动站台火灾模式

续上表

序号	作业程序	作 业 内 容
3	客运组织	2. 查看环控系统站台火灾模式联动执行成功: (1)点击"恢复视角"按钮,回到"车控室"场景中; (2)在"车控室"场景中点击"综合监控显示屏—机电—模式"按钮
		3. 口呼:站台火灾模式执行成功
		4. 确认闸机已全开状态: (1)点击"恢复视角"按钮,在"车控室"场景中点击IBP盘"闸机"按钮; (2)在"闸机"场景中,查看紧急释放灯亮,确认闸机已全开
		5. 口呼:闸机已全开
		6. 确认门禁已全开状态: (1)点击"恢复视角"按钮,在"车控室"场景中点击IBP盘"门禁"按钮; (2)在"门禁"场景中,查看紧急释放灯亮,确认门禁已全开
		7. 口呼:门禁已全开
		8. 确认7号、8号直梯已停用: 在"车控室"场景中点击"综合监控显示屏—机电—电扶梯"按钮,确认7号、8号直梯已停用
		9. 口呼:7号、8号直梯已停用
		10. 挑选备品: (1)点击"恢复视角"按钮; (2)在"车控室"场景中点击"备品柜"按钮,选择"对讲机—手提广播—引导棒—反光背心—红白带—自动扶梯钥匙"添加至"我的背包"
		11. 隔离火灾区域: (1)点击站层图站台B端"垃圾桶"按钮; (2)在"站台B端垃圾桶"场景中,点击"我的背包"按钮,选择"红白带—使用"按钮
		12. 紧停5号自动扶梯: (1)点击站层图"5号扶梯"按钮; (2)在"5号扶梯"场景中,口呼:"紧急停止,请抓紧扶手"; (3)在"5号扶梯"场景中,按压红色停止按钮,扶梯停止运行
		13. 口呼:5号扶梯已关闭
		14. 紧停6号自动扶梯: (1)点击站层图"6号扶梯"按钮; (2)在"6号扶梯"场景中,口呼:"紧急停止,请抓紧扶手"; (3)在"6号扶梯"场景中,按压红色停止按钮,扶梯停止运行
		15. 口呼:6号扶梯已关闭
		16. 进行组织疏散: (1)点击站层图站台"A端步梯口"按钮; (2)在站台"A端步梯口"场景中,点击"我的背包"按钮,选择"引导棒—使用"按钮; (3)点击站层图站台"中部步梯口"按钮; (4)在站台"中部步梯口"场景中,点击"我的背包"按钮,选择"引导棒—反光背心—手提广播—使用"按钮
		17. 语音疏导乘客疏散:乘客您好,现在出现火情,请大家不要惊慌,按照工作人员指引,有序出站
		18. 按下计时按钮:客运组织部分完成,请摘下语音识别设备
4	消防灭火	1. 按下计时按钮:开始穿戴消防装备
		2. 穿消防战斗服和防护靴
		3. 将消防腰斧及消防员呼救器挂于安全腰带上,并系好安全腰带

活页3-34

续上表

序号	作业程序	作业内容
4	消防灭火	4. 戴好消防头盔并佩戴防爆式照明灯
		5. 戴好防护手套
		6. 携带消防应急包
		7. 口呼:穿戴准备完毕
		8. 按下计时按钮:穿戴消防装备已完成
		9. 按下计时按钮:挑选灭火器进行灭火
		10. 选择灭火器:根据着火物质和场景选择类型正确且可正常使用的灭火器
		11. 上下颠倒摇晃使干粉松动,拔掉保险销
		12. 判断风向,站在上风口:站在灭火操作区中间的位置,通过观察失火场景中火焰和烟雾的风向,移步至上风口位置
		13. 灭火距离在3~5米之内
		14. 侧身朝向火焰根部,进行灭火
		15. 先灭近火再灭远火:在火灾被扑灭的过程中往火灾中心移动至少0.5米
		16. 放回灭火器:火势熄灭后,将灭火器放回指定位置
		17. 按下计时按钮:灭火完成,请脱下并恢复消防装备,带好语音识别设备
5	客运组织恢复	1. 按下计时按钮:进行客运组织恢复作业
		2. 开启5号自动扶梯上行: (1)点击站层图"5号扶梯"按钮; (2)在"5号扶梯"场景中,点击"我的背包—自动扶梯钥匙—使用"按钮; (3)点击"运行钥匙孔"按钮,表示插入钥匙; (4)点击"上行"按钮,自动扶梯开始运行; (5)待稳定运行后,点击"钥匙"按钮,表示钥匙已拔出
		3. 口呼:5号扶梯已开启
		4. 开启6号自动扶梯下行: (1)点击站层图"6号扶梯"按钮; (2)在"6号扶梯"场景中,点击"我的背包—自动扶梯钥匙—使用"按钮; (3)点击"运行钥匙孔"按钮,表示插入钥匙; (4)点击"下行"按钮,自动扶梯开始运行; (5)待稳定运行后,点击"钥匙"按钮,表示钥匙已拔出
		5. 口呼:6号扶梯已开启
		6. 撤除隔离: (1)点击站层图站台B端"垃圾桶"按钮; (2)在站台B端"垃圾桶"场景中,点击"红白带—撤除红白带"按钮
		7. 收回引导棒: (1)点击站层图站台"A端步梯口"按钮; (2)在站台"A端步梯口"场景中,点击"引导棒—收回引导棒"按钮
		8. 复位火灾模式: (1)点击"恢复视角"按钮,在"车控室"场景中点击IBP盘"环境与设备监控"按钮; (2)在"环境与设备监控"场景中,点击"有效—火灾复位—无效"按钮,恢复车站正常通风
		9. 口呼:火灾模式已复位

活页 3-35

续上表

序号	作业程序	作业内容
5	客运组织恢复	10. 开启 7 号、8 号直梯： (1) 点击站层图"车控室"按钮； (2) 在"车控室"场景中，点击"综合监控显示屏—机电—电扶梯"按钮； (3) 点击对应直梯，点击"控制—运行—执行"按钮，打开 7 号、8 号直梯
		11. 口呼：7 号、8 号直梯已开启
		12. 恢复闸机： (1) 点击"恢复视角"按钮，在"车控室"场景中点击 IBP 盘"闸机"按钮； (2) 在"闸机"场景中，点击"有效"按钮，表示 IBP 盘投入使用； (3) 点击"复位外罩—复位按钮—复位外罩"按钮，表示打开外罩，按压按钮并盖上外罩； (4) 查看紧急释放灯灭，确认闸机已复位； (5) 点击"无效"按钮，确认闸机控制盘无法撞动
		13. 口呼：闸机恢复正常
		14. 恢复门禁： (1) 点击"恢复视角"按钮，在"车控室"场景中点击 IBP 盘"门禁"按钮； (2) 在"门禁"场景中，点击"有效"按钮，表示可以进行操作； (3) 点击"复位外罩—复位按钮—复位外罩"按钮，表示打开外罩，按压按钮并盖上外罩； (4) 查看紧急释放灯灭，确认门禁已复位； (5) 点击"无效"按钮，确认门禁控制盘无法撞动
		15. 口呼：门禁恢复正常
		16. 备品复位： 点击"恢复视角"按钮，在"车控室"场景中，点击"备品柜—我的背包—全选—放回"按钮
		17. 口呼：备品已回收摆放到位
6	确认结束	1. 口呼：考试完毕
		2. 按下计时按钮，结束当前比赛内容

任务实施与评价

站台 B 端火灾处置任务实施与评价　　表 3-8

学生姓名		班级		学号	
考核起止时间 （可由计算机记录）			用时 （可由计算机记录）		

说明：本表仅分配人工评分的分值。表中预留（　）的地方，打"√"表示正确执行，不扣分；打"×"表示未执行或错误执行，扣分。预留"—"的地方由计算机评分

序号	作业程序	作业内容	配分	评分标准	评判结果	小组互评		教师评分	
						扣分	得分	扣分	得分
1	准备工作	1. 检查消防战斗装备等备品备件；调节腰带、头盔卡扣的松紧	—	1. 注意事项：根据个人尺寸，对备品备件尺寸进行相应调节	—	—	—	—	—
		2. 按下计时按钮，开始比赛；确认火灾报警并进行客运组织作业	—		—	—	—	—	—

续上表

序号	作业程序	作业内容	配分	评分标准	评判结果	小组互评 扣分	小组互评 得分	教师评分 扣分	教师评分 得分
2	确认火灾报警	1. 查看火情:点击站层图火灾点,查看具体火情	—	1. 未点击查看,扣2分	—	—	—	—	—
		2. 确认火灾报警。汇报车站值班员:站台B端垃圾桶着火	—	2. 未汇报或汇报内容错误,扣2分	—	—	—	—	—
		3. 车站值班员(机器人)自动回复:收到,请启动火灾模式,并进行客运组织	—	—	—	—	—	—	—
3	客运组织	1. 启动站厅火灾模式: (1)点击站层图"车控室"按钮; (2)在"车控室"场景中点击IBP盘"环境与设备监控"按钮; (3)在"环境与设备监控"场景中,点击"有效—站台火灾模式—无效"按钮,启动站台火灾模式	—	1. 扣分标准: (1)未成功开启火灾工况,扣3分; (2)未将钥匙恢复无效位,扣1分; (3)配分4分	—	—	—	—	—
		2. 查看环控系统站厅火灾模式联动执行成功: (1)点击"恢复视角"按钮,回到"车控室"场景中; (2)在"车控室"场景中点击"综合监控显示屏—机电—模式"按钮	—	2. 未查看工况,扣2分	—	—	—	—	—
		3. 口呼:站台火灾模式执行成功	—	3. 未口呼或口呼内容错误,扣1分	—	—	—	—	—
		4. 确认闸机已全开状态: (1)点击"恢复视角"按钮,在"车控室"场景中点击IBP盘"闸机"按钮; (2)在"闸机"场景中,查看紧急释放灯亮,确认闸机已全开	—	4. 未确认闸机状态,扣1分	—	—	—	—	—
		5. 口呼:闸机已全开	—	5. 未口呼或口呼内容错误,扣1分	—	—	—	—	—
		6. 确认门禁已全开状态: (1)点击"恢复视角"按钮,在"车控室"场景中点击IBP盘"门禁"按钮; (2)在"门禁"场景中,查看紧急释放灯亮,确认门禁已全开	—	6. 未确认门禁状态,扣1分	—	—	—	—	—
		7. 口呼:门禁已全开	—	7. 未口呼或口呼内容错误,扣1分	—	—	—	—	—
		8. 确认7号、8号直梯已停用:在"车控室"场景中点击"综合监控显示屏—机电—电扶梯"按钮,确认7号、8号直梯已停用	—	8. 未确认直梯状态,扣2分	—	—	—	—	—
		9. 口呼:7号、8号直梯已停用	—	9. 未口呼或口呼内容错误,扣1分	—	—	—	—	—

活页 3-37

续上表

序号	作业程序	作业内容	配分	评分标准	评判结果	小组互评 扣分	小组互评 得分	教师评分 扣分	教师评分 得分
3	客运组织	10. 挑选备品： （1）点击"恢复视角"按钮； （2）在"车控室"场景中点击"备品柜"按钮，选择"对讲机—手提广播—引导棒—反光背心—红白带—自动扶梯钥匙"添加至"我的背包"	—	10. 扣分标准： （1）所需虚拟备品必须一次拿齐：对讲机、手提广播、引导棒、反光背心、红白带、自动扶梯钥匙，每多（少）拿一项扣3分； （2）配分6分，扣完为止	—	—	—	—	—
		11. 隔离火灾区域： （1）点击站层图站台B端"垃圾桶"按钮； （2）在B端"垃圾桶"场景中，点击"我的背包"按钮，选择"红白带—使用"按钮	—	11. 未隔离或隔离区域错误，扣4分	—	—	—	—	—
		12. 紧停5号自动扶梯： （1）点击站层图"5号扶梯"按钮； （2）在"5号扶梯"场景中，口呼："紧急停止,请抓紧扶手"； （3）在"5号扶梯"场景中，按压红色停止按钮,扶梯停止运行	—	12. 扣分标准： （1）未口呼、口呼内容错误或未在紧停扶梯前口呼，扣1分； （2）未关闭自动扶梯,扣2分； （3）配分3分	—	—	—	—	—
		13. 口呼:5号扶梯已关闭	—	13. 未口呼或口呼内容错误,扣1分	—	—	—	—	—
		14. 紧停6号自动扶梯： （1）点击站层图"6号扶梯"按钮； （2）在"6号扶梯"场景中，口呼："紧急停止,请抓紧扶手"； （3）在"6号扶梯"场景中，按压红色停止按钮,扶梯停止运行	—	14. 扣分标准： （1）未口呼、口呼内容错误或未在紧停扶梯前口呼，扣1分； （2）未关闭自动扶梯,扣2分； （3）配分3分。 注：步骤12、14操作无先后顺序要求，但每操作完成必须正确口呼	—	—	—	—	—
		15. 口呼:6号扶梯已关闭	—	15. 未口呼或口呼内容错误,扣1分	—	—	—	—	—
		16. 进行组织疏散： （1）点击站层图站台"A端步梯口"按钮； （2）在站台"A端步梯口"场景中,点击"我的背包"按钮,选择"引导棒—使用"按钮； （3）点击站层图站台"中部步梯口"按钮； （4）在站台"中部步梯口"场景中,点击"我的背包"按钮,选择"引导棒—反光背心—手提广播—使用"按钮	—	16. 扣分标准： （1）未在B出口使用引导棒,扣1分； （2）未在站厅A出口使用引导棒、反光背心、手提广播,每缺一样扣1分； （3）配分4分	—	—	—	—	—
		17. 语音疏导乘客疏散:乘客您好,现在出现火情,请大家不要惊慌,按照工作人员指引,有序出站		17. 未人工广播或广播词语错误,扣2分					

活页3-38

续上表

序号	作业程序	作业内容	配分	评分标准	评判结果	小组互评 扣分	小组互评 得分	教师评分 扣分	教师评分 得分
3	客运组织	18.按下计时按钮:客运组织部分完成,请摘下语音识别设备	—	—	—	—	—	—	—
4	消防灭火	1.按下计时按钮:开始穿戴消防装备	—	1.注意事项:穿戴消防服前请摘下语音识别设备	—	—	—	—	—
		2.穿消防战斗服和防护靴。要求:衣服和裤子拉链拉至顶部、所有魔术贴贴紧、裤子吊带套上、裤子在靴外不得塞入靴内、裤脚自然垂下、不得完全露出防护靴上的黄色圆圈	5	2.不符合要求,每项扣1分,配分5分,扣完为止	( )				
		3.将消防腰斧及消防员呼救器挂于安全腰带上,并系好安全腰带	2	3.扣分标准: (1)未系安全腰带,或腰带松垮,扣2分	( )				
			2	(2)未携带或未将消防员呼救器挂于安全腰带上,扣2分	( )				
		4.戴好消防头盔并佩戴防爆式照明灯	2	4.扣分标准: (1)未戴上消防头盔,或消防头盔卡扣松垮,扣2分	( )				
			1	(2)未佩戴防爆式照明灯,扣1分	( )				
		5.戴好防护手套	1	5.未戴防护手套,扣1分	( )				
		6.携带消防应急包	1	6.未携带消防应急包,扣1分	( )				
		7.口呼:穿戴准备完毕	1	7.未口呼或口呼内容错误,扣1分	( )				
		8.按下计时按钮:穿戴消防装备已完成	—	8.穿消防装备标准时间是2分钟,2分钟内完成穿戴不扣分,超过2分钟,每多1秒扣1分,最多扣5分,本项只扣不加	—	—	—	—	—
		9.按下计时按钮:挑选灭火器进行灭火	—	—	—	—	—	—	—
		10.选择灭火器:根据着火物质和场景选择类型正确且可正常使用的灭火器	—	10.选错灭火器(以按下灭火器手柄为准),扣10分。直到选对灭火器,才能继续灭火操作	—	—	—	—	—
		11.上下颠倒摇晃使干粉松动,拔掉保险销	1	11.未上下颠倒摇晃灭火器,扣1分	( )				
		12.判断风向,站在上风口:站在灭火操作区中间的位置,通过观察失火场景中火焰和烟雾的风向,移步至上风口位置	—	12.上风口选择错误,扣1分	—	—	—	—	—
		13.灭火距离在3~5米之内	—	13.灭火距离未在3~5米之内,扣2分	—	—	—	—	—

活页 3-39

续上表

序号	作业程序	作业内容	配分	评分标准	评判结果	小组互评 扣分	小组互评 得分	教师评分 扣分	教师评分 得分
4	消防灭火	14.侧身朝向火焰根部,进行灭火	—	14.扣分标准: (1)未对准火焰根部,扣2分; (2)未侧身,扣1分; (3)配分3分	—	—	—	—	—
		15.先灭近火再灭远火:在火灾被扑灭的过程中往火灾中心移动至少0.5米	—	15.未向火灾中心移动至少0.5米,扣1分	—	—	—	—	—
		16.放回灭火器:火势熄灭后,将灭火器放回指定位置	—	16.扣分标准: (1)火未熄灭而停止操作,扣6分; (2)灭火器未放回指定位置,扣1分; (3)配分7分	—	—	—	—	—
		17.按下计时按钮:灭火完成,请脱下并恢复消防装备,带好语音识别设备	—	17.灭火操作标准时间是18秒,18秒内完成灭火,不扣分;超过18秒,每多1秒扣1分,最多扣5分,本项只扣不加	—	—	—	—	—
5	客运组织恢复	1.按下计时按钮:进行客运组织恢复作业	—	—	—	—	—	—	—
		2.开启5号自动扶梯上行: (1)点击站层图"5号扶梯"按钮; (2)在"5号扶梯"场景中,点击"我的背包—自动扶梯钥匙—使用"按钮; (3)点击"运行钥匙孔"按钮,表示插入钥匙; (4)点击"上行"按钮,自动扶梯开始运行; (5)待稳定运行后,点击"钥匙"按钮,表示钥匙已拔出	—	2.扣分标准: (1)操作编号错误或开启方向错误,扣2分; (2)未拔出钥匙,扣1分; (3)配分3分	—	—	—	—	—
		3.口呼:5号扶梯已开启	—	3.未口呼或口呼内容错误,扣0.5分	—	—	—	—	—
		4.开启6号自动扶梯下行: (1)点击站层图"6号扶梯"按钮; (2)在"6号扶梯"场景中,点击"我的背包—自动扶梯钥匙—使用"按钮; (3)点击"运行钥匙孔"按钮,表示插入钥匙; (4)点击"下行"按钮,自动扶梯开始运行; (5)待稳定运行后,点击"钥匙"按钮,表示钥匙已拔出	—	4.扣分标准: (1)操作编号错误或开启方向错误,扣2分; (2)未拔出钥匙,扣1分; (3)配分3分。 注意:步骤2、4操作无先后顺序要求,但每操作完成必须正确口呼	—	—	—	—	—

活页3-40

续上表

序号	作业程序	作业内容	配分	评分标准	评判结果	小组互评 扣分	小组互评 得分	教师评分 扣分	教师评分 得分
5	客运组织恢复	5. 口呼:6号扶梯已开启	—	5. 未口呼或口呼内容错误,扣0.5分	—	—	—	—	—
		6. 撤除隔离: (1)点击站层图站台B端"垃圾桶"按钮; (2)在站台B端"垃圾桶"场景中,点击"红白带—撤除红白带"按钮	—	6. 未撤除红白带,每处扣0.5分,配分1分	—	—	—	—	—
		7. 收回引导棒: (1)点击站层图站台"A端步梯口"按钮; (2)在站台"A端步梯口"场景中,点击"引导棒—收回引导棒"按钮	—	7. 未收回引导棒,扣1分	—	—	—	—	—
		8. 复位火灾模式: (1)点击"恢复视角"按钮,在"车控室"场景中点击IBP盘"环境与设备监控"按钮; (2)在"环境与设备监控"场景中,点击"有效—火灾复位—无效"按钮,恢复车站正常通风	—	8. 扣分标准: (1)未将火灾复位,扣1分; (2)未将钥匙恢复无效位,扣0.5分; (3)配分1.5分	—	—	—	—	—
		9. 口呼:火灾模式已复位	—	9. 未口呼或口呼内容错误,扣0.5分	—	—	—	—	—
		10. 开启7号、8号直梯: (1)点击站层图"车控室"按钮; (2)在"车控室"场景中,点击"综合监控显示屏—机电—电扶梯"按钮; (3)点击对应直梯,点击"控制—运行—执行"按钮,打开7号、8号直梯	—	10. 未开启直梯,每个扣0.75分,配分1.5分	—	—	—	—	—
		11. 口呼:7号、8号直梯已开启	—	11. 未口呼或口呼内容错误,扣0.5分	—	—	—	—	—
		12. 恢复闸机: (1)点击"恢复视角"按钮,在"车控室"场景中点击IBP盘"闸机"按钮; (2)在"闸机"场景中,点击"有效"按钮,表示IBP盘投入使用; (3)点击"复位外罩—复位按钮—复位外罩"按钮,表示打开外罩,按压按钮并盖上外罩; (4)查看紧急释放灯灭,确认闸机已复位; (5)点击"无效"按钮,确认闸机控制盘无法擅动	—	12. 扣分标准: (1)未复位闸机,扣1分; (2)未将钥匙恢复无效位,扣0.5分; (3)配分1.5分	—	—	—	—	—

活页3-41

续上表

序号	作业程序	作业内容	配分	评分标准	评判结果	小组互评 扣分	小组互评 得分	教师评分 扣分	教师评分 得分
5	客运组织恢复	13. 口呼:闸机恢复正常	—	13. 未口呼或口呼内容错误,扣0.5分	—	—	—	—	—
		14. 恢复门禁: (1)点击"恢复视角"按钮,在"车控室"场景中点击IBP盘"门禁"按钮; (2)在"门禁"场景中,点击"有效"按钮,表示可以进行操作; (3)点击"复位外罩—复位按钮—复位外罩"按钮,表示打开外罩,按压按钮并盖上外罩; (4)查看紧急释放灯灭,确认门禁已复位; (5)点击"无效"按钮,确认门禁控制盘无法撼动	—	14. 扣分标准: (1)未复位门禁,扣1分; (2)未将钥匙恢复无效位,扣0.5分; (3)配分1.5分	—	—	—	—	—
		15. 口呼:门禁恢复正常	—	15. 未口呼或口呼内容错误,扣0.5分	—	—	—	—	—
		16. 备品复位: 点击"恢复视角"按钮,在"车控室"场景中,点击"备品柜—我的背包—全选—放回"按钮	—	16. 未放回所有备品,扣0.5分	—	—	—	—	—
		17. 口呼:备品已回收摆放到位	—	17. 未口呼或口呼内容错误,扣0.5分	—	—	—	—	—
6	确认结束	1. 口呼:实训完毕。 2. 按下计时按钮,结束当前实训内容	—	—	—	—	—	—	—
		合计	16	注:本任务假设另外84分为计算机自动评分和语音评分					
备注		应急处置完成之后,进行系统复位							

评分员签名:　　　　　　　　　　　　　　　　　　　　　　　　　　　年　月　日

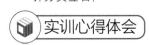
实训心得体会

模块 4　站台门故障处置

模块描述

城市轨道交通站台门安装于车站的站台边缘,将轨道与站台候车区隔离,设有与列车门相对应的可多级控制开启与关闭滑动门的连续屏障,本模块主要针对站台门不能正常开启、关闭故障,对站务员的应急处置设计了实训任务。

学习目标

▶ **知识目标**

1. 能够描述站台门故障处置的基本方法;
2. 能够描述判定站台门故障类型的方法;
3. 能够小组解析站台门故障处置应急预案及操作流程。

▶ **能力目标**

1. 能够通过观察不正常的站台门门灯显示,判定站台门故障类别;
2. 能够熟练操作 LCB、PSL 系统排除站台门故障。

▶ **素质目标**

1. 通过站台门故障处置流程,养成安全第一的服务意识;
2. 通过站台门故障处置流程,养成遵守操作流程和规章制度的职业行为与素养;
3. 通过分组分析判定站台门故障类别,具备团队合作能力、分析问题和解决问题的能力;
4. 通过站台门处置过程,养成精益求精的工匠精神与严谨求实的劳动态度。

模块准备

本模块主要实训设备如图 4-1 所示。

图 4-1　模块 4 主要实训设备

活页 4-1

实训图片与视频

本模块部分实训图片如图 4-2、图 4-3 所示,部分实训视频可扫描二维码查阅。

图 4-2　实训任务 4.4:站务员确认单侧滑动门不能开启　　　图 4-3　实训任务 4.4:站务员单侧滑动门不能开启处置

单个站台门　　两个站台门　　单个站台门　　单侧站台门
不能关闭　　　不能关闭　　　不能开启　　　不能开启

实训任务 4.1 单个站台门不能关闭的处置

任务情境
列车关门作业时,突发单个站台门未正常关闭。

任务要求
能判断站台门故障类型,并进行快速处置。

任务发布
指导教师下达任务要求,学生以3人为一小组的形式对任务进行确认和分解,分配组内各成员的岗位角色,采用相应任务完成后进行换岗的方法进行任务实施,以保证每位同学适应不同岗位要求。本任务完成后进行小组互评和教师评分,并总结心得体会。

任务分组
建议学习者组建学习小组,制订学习计划,共同完成相关任务。

姓 名	学 号	分 工	备 注	学 习 计 划
			组长	

任务实施时间
3~5分钟。

任务准备

单个站台门不能关闭处置流程　　　　　　　　　　　　　　　　　表4-1

序号	作业程序	站 务 员	值 班 员
1	确认现场情况并汇报	1. 站务员观察到存在不正常的站台门门灯显示,同时报车控室:上行1－2站台门无法关闭 3. 站务员观察站台门是否存在异物等情况。如有异物将异物清除。 站务员口呼:无/有异物	2. 车控室值班员回复:收到
2	现场处置	1. 站务员"旁路"故障门:将LCB打至手动关位 2. 站务员确认故障门关闭。 口呼:1－2站台门关闭	

任务实施与评价

单个站台门不能关闭处置任务实施与评价

表 4-2

学生姓名		班级		学号	
考核起止时间 （可由计算机记录）			用时 （可由计算机记录）		

说明：本表仅分配人工评分的分值。表中预留( )的地方，打"√"表示正确执行，不扣分；打"×"表示未执行或错误执行，扣分。预留"—"的地方由计算机评分

序号	作业程序	作业内容	配分	评分标准	评判结果	小组互评		教师评分	
						扣分	得分	扣分	得分
1	确认现场情况并汇报	1. 站务员观察到存在不正常的站台门门灯显示，同时报车控室：上行1-2站台门无法关闭	20	1. 未汇报或汇报错误，扣9分	( )				
		2. 车控室值班员回复：收到		2. 未回复，扣1分	( )				
		3. 站务员观察站台门是否存在异物等情况。如有异物将异物清除。站务员口呼：无/有异物		3. 未口呼或口呼错误，扣10分	( )				
2	现场处置	1. 站务员"旁路"故障门：将LCB打至手动关位	10	1. 未将故障门"旁路"，扣70分	—	—	—	—	—
		2. 站务员确认故障门关闭。口呼：1-2站台门关闭		2. 未口呼或口呼错误，扣10分	( )				
	合计		30	注：本任务假设另外70分为计算机自动评分					

评分员签名：　　　　　　　　　　　　　　　　　　　　　　　　　　　　　　　　　年　　月　　日

实训心得体会

实训任务 4.2 两个站台门不能关闭的处置

任务情境

列车关门作业时,突发两个站台门未正常关闭。

任务要求

能判断站台门故障类型,并进行快速处置。

任务发布

指导教师下达任务要求,学生以 3 人为一小组的形式对任务进行确认和分解,分配组内各成员的岗位角色,采用相应任务完成后进行换岗,以保证每位同学适应不同岗位要求。任务完成后进行小组互评和教师评分,并总结心得体会。

任务分组

建议学习者组建学习小组,制订学习计划,共同完成相关任务。

姓　名	学　号	分　工	备　注	学习计划
			组长	

任务实施时间

3～5 分钟。

任务准备

两个站台门不能关闭处置流程　　　　　　　　　　　　　　　表 4-3

序号	作业程序	站　务　员	值　班　员
1	确认现场情况并汇报	1. 站务员观察到存在不正常的站台门门灯显示,同时报车控室值班员:上行 1-2、1-3 站台门无法关闭	
			2. 车控室值班员回复:收到
		3. 站务员观察站台是否存在异物等情况。如有异物将异物清除。站务员口呼:无/有异物	
2	现场处置	站务员互锁解除发车。 1. 将上行 PSL 钥匙开关旋转至互锁解除位,并保持互锁解除位	
			2. 列车出清后,值班员通知:上行可以停止互锁解除
		3. 松开上行互锁解除钥匙开关	

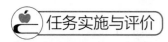 **任务实施与评价**

两个站台门不能关闭处置任务实施与评价

表 4-4

学生姓名		班级		学号	
考核起止时间 (可由计算机记录)			用时 (可由计算机记录)		

说明：本表仅分配人工评分的分值。表中预留( )的地方，打"√"表示正确执行，不扣分；打"×"表示未执行或错误执行，扣分。预留"—"的地方由计算机评分

序号	作业程序	作业内容	配分	评分标准	评判结果	小组互评 扣分	小组互评 得分	教师评分 扣分	教师评分 得分
1	确认现场情况并汇报	1. 站务员观察到存在不正常的站台门灯显示，同时报车控室：上行1-2、1-3站台门无法关闭	20	1. 未汇报或汇报错误，扣9分	( )				
		2. 车控室值班员回复：收到		2. 未口呼或口呼错误，扣1分	( )				
		3. 站务员观察站台门是否存在异物等情况。如有异物将异物清除。站务员口呼：无/有异物		3. 站务员未口呼或口呼错误，扣10分	( )				
2	现场处置	站务员互锁解除发车。 1. 将PSL钥匙开关旋转至互锁解除位，并保持互锁解除位； 2. 列车出清后，车控室（系统自动）通知：上行可以停止互锁解除； 3. 松开互锁解除钥匙开关	—	未执行互锁解除或者因松开互锁解除钥匙开关导致列车紧急停车，扣80分	—	—	—	—	—
	合计		20	注：本任务假设另外80分为计算机自动评分					

评分员签名：　　　　　　　　　　　　　　　　　　　　　　　　　　　　　　年　月　日

 **实训心得体会**

实训任务 4.3 单个站台门不能开启的处置

任务情境
列车开门作业时,突发单个站台门未正常开启。

任务要求
能判断站台门故障类型,并进行快速处置。

任务发布
指导教师下达任务要求,学生以3人为一小组的形式对任务确认和分解,分配组内各成员的岗位角色,采用相应任务完成后进行换岗的方法进行任务实施,以保证每位同学适应不同岗位要求。任务完成后进行小组互评和教师评分,并总结心得体会。

任务分组
建议学习者组建学习小组,制订学习计划,共同完成相关任务。

姓 名	学 号	分 工	备 注	学 习 计 划
			组长	

任务实施时间
3~5分钟。

任务准备

单个站台门不能开启处置流程   表4-5

序号	作业程序	站 务 员	值 班 员
1	确认现场情况并汇报	1.站务员观察到存在不正常的站台门门灯显示,同时报车控室值班员:上行1-3站台门无法开启	
			2.车控室值班员回复:收到
2	现场处置	1.站务员"旁路"故障门:将LCB打至手动开位	
		2.停站时间到,车门关闭,站务员将LCB打至手动关位	

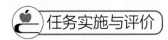

单个站台门不能开启处置任务实施与评价

表4-6

学生姓名		班级		学号					
考核起止时间 (可由计算机记录)				用时 (可由计算机记录)					

说明:本表仅分配人工评分的分值。表中预留( )的地方,打"√"表示正确执行,不扣分;打"×"表示未执行或错误执行,扣分。预留"—"的地方由计算机评分

1	确认现场情况并汇报	1.站务员观察到存在不正常的站台门门灯显示,同时报车控室:上行1-3站台门无法开启	10	1.未汇报或汇报错误,扣9分	( )				
		2.车控室值班员回复:收到		2.未回复,扣1分	( )				
2	现场处置	1.站务员"旁路"故障门:将LCB打至手动开位	—	1.车门开后,10秒内未打至手动开位,扣45分	—	—	—	—	—
		2.停站时间到,车门关闭,站务员将LCB打至手动关位		2.车门关闭后,10秒内未打至手动关位,扣45分	—	—	—	—	—
	合计		10	注:本任务假设另外90分为计算机自动评分					

评分员签名: 年   月   日

实训任务 4.4 单侧站台门不能开启的处置

任务情境
列车开门作业时,突发单侧站台门未正常开启。

任务要求
能判断站台门故障类型,并进行快速处置。

任务发布
指导教师下达任务要求,学生以3人为一小组的形式对任务进行确认和分解,分配组内各成员的岗位角色,采用相应任务完成后进行换岗的方法进行任务实施,以保证每位同学适应不同岗位要求。任务完成后进行小组互评和教师评分,并总结心得体会。

任务分组
建议学习者组建学习小组,制订学习计划,共同完成相关任务。

姓　名	学　号	分　工	备注	学习计划
			组长	

任务实施时间
3~5分钟。

任务准备

单侧站台门不能开启应急处置流程　　　　　表4-7

序号	作业程序	站　务　员	值　班　员
1	确认现场情况并汇报	1. 站务员观察到存在1-2、1-3站台门未开启,同时报车控室值班员:上行整侧滑动门未开启	
			2. 车控室值班员回复站务员:上行整侧滑动门未开启,且PSL和IBP盘操作无效,请处置
		3. 站务员回复:收到	
2	现场处置	1. 原则:一节车每隔一门"旁路"并手动开启一门(将LCB置于手动开位)。 注:"旁路"并开启1-2门即可	
		2. 站务员报告值班员:上行整侧滑动门处置完毕	
			3. 值班员通知站务员:上行列车未收到站台门关闭锁紧信息,请处置
		4. 站务员回复:收到	

活页4-9

续上表

序号	作业程序	站 务 员	值 班 员
2	现场处置	5.站务员互锁解除发车： (1)将 PSL 钥匙开关旋转至互锁解除位，并保持互锁解除位	
			(2)列车出清后，车控室值班员通知：上行可以停止互锁解除
		(3)松开互锁解除钥匙开关	

任务实施与评价

单侧站台门不能开启应急处置任务实施与评价　　表 4-8

学生姓名		班级		学号	
考核起止时间 (可由计算机记录)		用时 (可由计算机记录)			

说明：本表仅分配人工评分的分值。表中预留( )的地方，打"√"表示正确执行，不扣分；打"×"表示未执行或错误执行，扣分。预留"—"的地方由计算机评分

序号	作业程序	作业内容	配分	评分标准	评判结果	小组互评 扣分	小组互评 得分	教师评分 扣分	教师评分 得分
1	确认现场情况并汇报	1.站务员观察到存在 1-2、1-3 站台门未开启，同时报车控室：上行整侧滑动门未开启	15	1.15 秒未报车控室或报告错误，扣 10 分	( )				
		2.车控室值班员回复站务员：上行整侧滑动门未开启，且 PSL 和 IBP 盘操作无效，请处置		2.未回复或回复错误，扣 3 分	( )				
		3.站务员回复：收到		3.未回复或回复错误，扣 2 分	( )				
2	现场处置	1.原则：一节车每隔一门"旁路"并手动开启一门(将 LCB 置于手动开位)。 注：实训时"旁路"并开启 1-2 门即可	10	1.未"旁路"并开启故障门，扣 40 分	—	—	—	—	—
		2.站务员报告值班员：上行整侧滑动门处置完毕		2.未汇报或汇报错误，扣 2 分	( )				
		3.值班员通知站务员：上行列车未收到站台门关闭锁紧信息，请处置		3.未通知或通知错误，扣 2 分	( )				
		4.站务员回复：收到		4.未回复或回复错误，扣 1 分	( )				
		5.站务员互锁解除发车： (1)将 PSL 钥匙开关旋转至互锁解除位，并保持互锁解除位； (2)列车出清后，车控室值班员通知：上行可以停止互锁解除； (3)松开互锁解除钥匙开关		5.未执行互锁解除或者因松开互锁解除钥匙开关导致列车紧急停车，扣 35 分。值班员未通知或通知错误，扣 5 分	( )				
		合计	25	注：本任务假设另外 75 分为计算机自动评分					

评分员签名：　　　　　　　　　　　　　　　　　　　　　　　　　　　年　月　日

实训心得体会

活页 4-10

模块5　手摇道岔作业

模块描述

需要进行手摇道岔的情况如下：

（1）运营期间，信号系统因故障无法排列进入时；由于设备故障不能通过 ATS 工作站对道岔进行转换位置时。

（2）工程期间，由工程主管指定特定手信号员或值班站长负责手摇道岔。

本模块实训任务：会展中心站管辖范围内的 3 号道岔需进行手摇道岔作业，转换道岔开通方向，完成列车运行组织。

学习目标

▶ **知识目标**

1. 能够描述手摇道岔使用条件；
2. 能够描述手摇道岔步骤；
3. 能够描述手摇道岔安全注意事项。

▶ **能力目标**

1. 能够判断正、反位操作；
2. 能够快速、安全地完成手摇道岔；
3. 能够岗位熟练配合检查手摇道岔完成情况。

▶ **素质目标**

1. 通过手摇道岔操作流程，养成安全第一的服务意识；
2. 通过手摇道岔操作流程，养成遵守操作流程和规章制度的职业行为与素养；
3. 通过岗位配合检查手摇道岔完成情况，具备团队合作能力、分析问题和解决问题的能力；
4. 通过手摇道岔操作过程，养成精益求精的工匠精神与严谨求实的劳动态度。

模块准备

本模块主要实训设备如图 5-1 所示。

图 5-1　模块 5 主要实训设备

实训图片与视频

本模块部分实训图片如图 5-2～图 5-7 所示,部分实训视频可扫描二维码图片查阅。

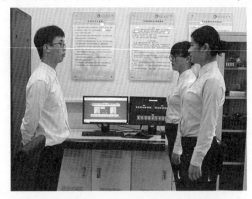

图 5-2　实训任务:值班员下发手摇道岔命令

图 5-3　实训任务:清点手摇道岔工具

图 5-4　实训任务:站务员确认道岔情况

图 5-5　实训任务:手摇道岔

图 5-6　实训任务:道岔锁闭

图 5-7　实训任务:显示手信号

手摇道岔作业
(定摇反)

手摇道岔作业
(反摇定)

活页 5-2

实训任务 手摇道岔作业

任务情境
按要求将道岔从当前位置手摇至另一位置。

任务要求
能在需要进行手摇道岔作业时,按照流程要求,安全快速地完成手摇道岔作业。

任务发布
指导教师下达任务要求,学生以3人为一小组的形式对任务进行确认和分解,分配组内各成员的岗位角色,采用相应任务完成后进行换岗的方法进行任务实施,以保证每位同学适应不同岗位要求。任务完成后进行小组互评和教师评分,并总结心得体会。发生以下任何一项错误,直接中断任务实施作业:道岔位置判断错误;不能确认手摇道岔到位;发生违反设备安全和人员安全的操作。

任务分组
建议学习者组建学习小组,制订学习计划,共同完成相关任务。

姓　名	学　号	分　工	备注	学习计划
			组长	

任务实施时间
5分钟。

任务准备

手摇道岔作业流程　　　　　　　　　　　　　　　　　　　表5-1

序号	作业程序	站务员(1号、2号)	值班员
1	接收命令		1. 车控室值班员布置作业:请准备手摇道岔工具,进入岔区,检查3号道岔
		2. 站务员复诵:检查3号道岔,明白	
2	手摇道岔工具	必须携带的道岔工具: ①对讲机;②信号灯;③锁钥匙;④钩锁器及扳手;⑤钩锁器锁及钥匙; ⑥手摇柄;⑦反光背心	

续上表

序号	作业程序		站务员(1号、2号)	值班员
3	手摇道岔一次作业流程	一 检查	1. 眼看(1号和2号):看当前准备操作的道岔位置与状态	
			2. 手指口呼(1号):道岔位置(定位/反位/左向位/右向位/直向位/四开位置)	
			3. 手指口呼复诵(2号):道岔位置(定位/反位/左向位/右向位/直向位/四开位置)	
			4. 眼看(1号和2号):看准备操作的道岔有无加钩锁器	
			5. 手指口呼(1号):道岔无/有钩锁器	
			6. 手指口呼复诵(2号):道岔无/有钩锁器	
			7. 眼看(1号和2号):看尖轨与基本轨间滑床板有无异物	
			8. 手指口呼(1号):尖轨与基本轨间滑床板无/有异物	
			9. 手指口呼复诵(2号):尖轨与基本轨间滑床板无/有异物	
			10. 向车控室值班员汇报(2号):经检查,3号道岔无异物,处于定位/反位	
				11. 车控室下发办理进路命令:请手摇3号道岔至反位/定位并加钩锁器
			12. 手摇道岔作业人员复诵(2号):手摇3号道岔至反位/定位并加钩锁器,明白	
		二 手摇	1. 作业动作(1号):用锁钥匙打开套筒锁	
			2. 作业动作(1号):打开遮断器	
			3. 作业动作(1号):将手摇柄插入转辙机中,根据现场情况需求,采取顺时针或逆时针转动手摇柄	
			4. 作业动作(1号):转动手摇柄至听到转辙机内发出的"咔嚓"声为止	
		三 确认	1. 作业动作(1号和2号):确认转辙机已操作到位	
			2. 手指口呼(1号):手指转辙机,口呼"听到'咔嚓'声"	
			3. 手指口呼复诵(2号):手指转辙机,口呼"听到'咔嚓'声"	
			4. 作业动作(1号和2号):确认道岔已密贴	
			5. 手指口呼(1号):尖轨与基本轨密贴	
			6. 手指口呼复诵(2号):尖轨与基本轨密贴	
			7. 作业动作(1号):加装钩锁器。 判断标准:(1)道岔(除三开道岔)钩锁器应安装于尖轨与基本轨密贴侧第一、第二块滑床板之间位置;(2)钩锁器安装到位后应确保该钩锁器不松动	
			8. 手指口呼(2号):钩锁器加装完毕后,向值班员汇报"3号道岔已手摇至反/定位,道岔密贴已加钩锁器"	
				9. 车控室回复:收到
			10. 作业动作(1号和2号):现场工器具清理(工器具不得影响行车安全)	
			11. 手指口呼(2号):手摇道岔作业人员确认进路中所有道岔开通位置正确且锁闭后,操作者向值班员汇报"道岔开通位置正确且锁闭,进路正确"	
		其他要求		1. 车控室下达命令:请在3号道岔防护信号机安全位置处显示手信号

活页5-4

续上表

序号	作业程序		站务员(1号、2号)	值班员
3	手摇道岔一次作业流程	其他要求	2. 手摇道岔作业人员复诵(2号):在3号道岔防护信号机安全位置处显示手信号,明白	
			3. 作业动作(1号和2号):根据值班员命令,站于安全位置	
			4. 作业动作(1号):面对来车方向,向接近列车显示手信号。(原则:严禁站立位置错误或面向方向错误;严禁显示红灯)	

任务实施与评价

手摇道岔任务实施与评价　　　　　　　　　　　　　　　　　　　　　　表5-2

学生姓名		班级		学号	
考核起止时间 (可由计算机记录)			用时 (可由计算机记录)		

说明:本表仅分配人工评分的分值。表中预留( )的地方,打"√"表示正确执行,不扣分;打"×"表示未执行或错误执行,扣分。预留"—"的地方由计算机评分。评分标准为:每项作业完全符合要求不扣分,有不符合要求的地方扣除全部配分

序号	作业程序		作业内容	配分	评判结果	小组互评		教师评分	
						扣分	得分	扣分	得分
一	—		发生以下任何一项错误,直接中断任务实施作业:(需在"□"中勾选对应项目) 1. 道岔位置判断错误;□ 2. 不能确认手摇道岔到位;□ 3. 发生违反设备安全和人员安全的操作。□	直接中断任务实施作业	( )				
1	接收命令		1. 车控室值班员布置作业:请准备手摇道岔工具、进入岔,检查3号道岔	1	( )				
			2. 站务员复诵:检查3号道岔,明白	1	( )				
2	手摇道岔工具		必须携带的道岔工具:①对讲机;②信号灯;③锁钥匙;④钩锁器及扳手;⑤钩锁器锁及钥匙;⑥手摇柄;⑦反光背心。 建议:每漏带一件工具扣1分,④和⑤中少拿一件扣1分	7	( )				
3	手摇道岔一次作业流程	检查	1. 眼看(1号和2号):看当前准备操作的道岔位置与状态	2	( )				
			2. 手指口呼(1号):道岔位置(定位/反位/左向位/右向位/直向位/四开位置)	3	( )				
			3. 手指口呼复诵(2号):道岔位置(定位/反位/左向位/右向位/直向位/四开位置)	3	( )				
			4. 眼看(1号和2号):看准备操作的道岔有无加钩锁器	2	( )				
			5. 手指口呼(1号):道岔无/有钩锁器	3	( )				
			6. 手指口呼复诵(2号):道岔无/有钩锁器	3	( )				
			7. 眼看(1号和2号):看尖轨与基本轨间滑床板有无异物	2	( )				
			8. 手指口呼(1号):尖轨与基本轨间滑床板无/有异物	3	( )				
			9. 手指口呼复诵(2号):尖轨与基本轨间滑床板无/有异物	3	( )				
			10. 向车控室值班员汇报(2号):经检查,3号道岔无异物,处于定位/反位	2	( )				
			11. 车控室下发办理进路命令:请手摇3号道岔至反位/定位并加钩锁器	2	( )				

活页 5-5

续上表

序号	作业程序		作业内容	配分	评判结果	小组互评		教师评分	
						扣分	得分	扣分	得分
3	手摇道岔一次作业流程	一检查	12.手摇道岔作业人员复诵(2号):手摇3号道岔至反位/定位并加钩锁器,明白	2	( )				
		二手摇	1.作业动作(1号):用锁钥匙打开套筒锁	4	( )				
			2.作业动作(1号):打开遮断器	3	( )				
			3.作业动作(1号):将手摇柄插入转辙机中,根据现场情况需求,采取顺时针或逆时针转动手摇柄	7	( )				
			4.作业动作(1号):转动手摇柄至听到转辙机内发出的"咔嚓"声为止	8	( )				
		三确认	1.作业动作(1号和2号):确认转辙机已操作到位	2	( )				
			2.手指口呼(1号):手指转辙机。口呼:听到"咔嚓"声	2	( )				
			3.手指口呼复诵(2号):手指转辙机。口呼:听到"咔嚓"声	2	( )				
			4.作业动作(1号和2号):确认道岔已密贴	2	( )				
			5.手指口呼(1号):尖轨与基本轨密贴	2	( )				
			6.手指口呼复诵(2号):尖轨与基本轨密贴	2	( )				
			7.作业动作(1号):加装钩锁器	5	( )				
			8.手指口呼(2号):钩锁器加装完毕后,向值班员汇报"3号道岔已手摇至反/定位,道岔密贴已加钩锁器"	3	( )				
			9.车控室回复:收到	1	( )				
			10.作业动作(1号和2号):现场工器具清理(工器具不得影响行车安全)	4	( )				
			11.手指口呼(2号):手摇道岔作业人员确认进路中所有道岔开通位置正确且锁闭后,操作者向值班员汇报"道岔开通位置正确且锁闭,进路正确"	3	( )				
		其他要求	1.车控室下达命令:请在3号道岔防护信号机安全位置处显示手信号	1	( )				
			2.手摇道岔作业人员复诵(2号):在3号道岔防护信号机安全位置处显示手信号,明白	2	( )				
			3.作业动作(1号和2号):根据值班员命令,站于安全位置	3	( )				
			4.作业动作(1号):面对来车方向,向接近列车显示手信号。(原则:站立位置错误或面向方向错误扣5分;显示红灯扣5分,其他不扣分)	5	( )				
			合计	100	—				

评分员签名:　　　　　　　　　　　　　　　　　　　　　　　　　年　　月　　日

实训心得体会

模块6 TVM操作

模块描述

TVM是乘客自助购买单程车票的设备,在日常运营中,纸币模块、硬币处理模块和单程票出票模块由于频繁工作,在使用一定时间后,这些模块中的电磁铁、传动带、电机和传感器等容易老化磨损或粘满污垢;另外由于乘客的不当操作行为,可能导致TVM发生故障。

当站内部分TVM发生故障时,在故障TVM前摆放"设备故障、暂停使用"的提示牌,引导乘客选用正常服务的TVM。当车站TVM全部发生故障时,客运值班员应立即通知值班站长向相关维修部门保修,并做好报修记录;站务员在故障TVM前摆放"设备故障、暂停使用"的提示牌,在站厅做好宣传疏导工作,引导乘客到售票窗口购票。

学习目标

▶ **知识目标**

1. 能够描述开、关站的基本流程;
2. 能够描述TVM故障处置流程;
3. 能够描述TVM故障排查方法。

▶ **能力目标**

1. 能够处理自动售票机发生故障情况下的开、关站作业;
2. 能够处理自动售票机发生故障情况下的应急处置工作;
3. 能够处理自动售票机发生故障情况下的乘客宣传疏导工作。

▶ **素质目标**

1. 通过TVM开、关站作业,养成安全第一的服务意识;
2. 通过TVM故障处置作业,养成遵守操作流程和规章制度的职业行为与素养;
3. 通过分组排查TVM故障原因,具备团队合作能力、分析问题和解决问题的能力;
4. 通过组排查TVM故障原因,养成精益求精的工匠精神与严谨求实的劳动态度。

模块准备

本模块主要实训设备如图6-1所示。

图6-1 模块6主要实训设备

实训图片与视频

本模块部分实训图片如图 6-2、图 6-3 所示，部分实训视频可扫描二维码查阅。

图 6-2　实训任务 6.2：关站作业

图 6-3　实训任务 6.2：运营结束

TVM 开站作业

TVM 关站作业

票箱空的处置

未输入补票数的处置

废票箱满的处置

废票箱未清零的处置

发卡模块卡票的处置

硬币回收钱箱满的处置

硬币回收钱箱未清零的处置

硬币专用找零钱箱空的处置

未输入硬币补币数的处置

纸币回收钱箱满的处置

纸币回收钱箱未清零的处置

纸币回收单元卡纸币的处置

纸币找零补币钱箱空的处置

未输入纸币补币数的处置

活页 6-2

实训任务 6.1 TVM开站作业

📚 任务情境
TVM处于暂停服务状态，要求实现TVM正常运营。

📖 任务要求
了解TVM内部构造，熟练掌握开站流程。

📚 任务发布
指导教师下达任务要求，学生以3人为一小组的形式根据故障现象，排查故障原因，按照岗位角色需求完成相应任务，采用相应任务完成后进行换岗的方法进行任务实施，以保证每位同学适应不同岗位要求。任务完成后进行小组互评和教师评分，并总结心得体会。

📓 任务分组
建议学习者组建学习小组，制订学习计划，共同完成相关任务。

姓　名	学　号	分　工	备注	学习计划
			组长	

🍎 任务实施时间
3～5分钟。

📖 任务准备

TVM开站作业流程　　　　　　　　　　　　　　表6-1

序号	作业程序	作业内容
1	打开TVM维护门	使用TVM维护门钥匙(1号)打开TVM维护门下门和上门
2	补充单程票	将装满单程票的票箱A、B装入，并在维护面板上输入补票数。 1. 按压蓝色解锁按钮，拉出发卡模块 2. 装入A票箱：拉动A票箱下面的卡扣，将装好单程票的票箱放在A卡槽内，松开票箱卡扣，使其自动复位 3. 装入B票箱：拉动B票箱下面的卡扣，将装好单程票的票箱放在B卡槽内，松开票箱卡扣，使其自动复位 4. 按压蓝色解锁按钮，推回发卡模块 5. 输入补票数： (1) 在维护面板输入账号、密码后，点击Enter键登录； (2) 在"主菜单"中，选择"1 运营服务"； (3) 在"运营服务"界面，选择"2 补充单程票A"； (4) 输入补票数600，按F1键加票；

活页 6-3

续上表

序号	作业程序	作业内容
2	补充 单程票	(5) 按 Esc 键返回到"运营服务"界面,选择"4 补充单程票 B"; (6) 输入补票数 600,按 F1 键加票
3	补充硬币	1. 按压蓝色解锁按钮,拉出硬币模块
		2. 使用硬币专用找零钱箱侧门钥匙(2号)打开专用找零钱箱侧门
		3. 装入 1 元专用找零钱箱 A
		4. 锁上专用找零钱箱侧门,拔出钥匙
		5. 按压蓝色解锁按钮,推回硬币模块
		6. 输入 1 元硬币补币数: (1) 按 Esc 键返回到"运营服务"界面,选择"1 补充硬币 A"; (2) 输入补币数 500,按 F1 键加币
4	装入 纸币钱箱	1. 按压蓝色解锁按钮,拉出纸币模块
		2. 装入 5 元找零钱箱、10 元找零钱箱
		3. 装入纸币回收钱箱
		4. 按压蓝色解锁按钮,推回纸币模块
		5. 输入 5 元纸币、10 元纸币补币数: (1) 按 Esc 键返回到"运营服务"界面,选择"8 补充五元纸币"; (2) 输入补币数量 500,按 F1 键加币; (3) 按 Esc 键返回到"运营服务"界面,选择"9 补充十元纸币"; (4) 输入补币数量 500,按 F1 键加币
5	装入硬币 回收钱箱 并上锁	1. 装入硬币回收钱箱
		2. 上锁: (1) 使用硬币回收钱箱硬币入口封门钥匙(4号)将硬币入口封门锁锁到位; (2) 拔出钥匙
6	注销退出	1. 注销退出: (1) 按 Esc 键返回到主菜单; (2) 选择 8 注销退出,选择 1 确定
		2. 关上并锁闭 TVM 维护门(先关上门,再关下门)
		3. 拔出钥匙
7	确认 TVM 设备正常	查看 TVM 运营状态显示器显示"服务中",乘客显示器(触摸屏)处于正常服务模式。 1. 手指:TVM 运营状态显示器、乘客显示器。 2. 口呼:设备正常

任务实施与评价

TVM 开站作业任务实施与评价　　　　　　　　　　　　　　　表 6-2

序号	作业程序	作业内容	配分	评分标准	评判结果	小组互评		教师评分	
						扣分	得分	扣分	得分
1	打开 TVM 维护门	使用 TVM 维护门钥匙(1号)打开 TVM 维护门下门和上门	—	未打开维护门,扣 5 分	—	—	—	—	—
2	补充 单程票	将装满单程票的票箱 A、B 装入,并在维护面板上输入补票数。 1. 按压蓝色解锁按钮,拉出发卡模块	—						

续上表

序号	作业程序	作业内容	配分	评分标准	评判结果	小组互评 扣分	小组互评 得分	教师评分 扣分	教师评分 得分
2	补充单程票	2.装入A票箱：拉动A票箱下面的卡扣，将装好单程票的票箱放在A卡槽内，松开票箱卡扣，使其自动复位	—	2.未安装A票箱到位，扣5分	—	—	—	—	—
		3.装入B票箱：拉动B票箱下面的卡扣，将装好单程票的票箱放在B卡槽内，松开票箱卡扣，使其自动复位	—	3.未安装B票箱到位，扣5分	—	—	—	—	—
		4.按压蓝色解锁按钮，推回发卡模块	—	—	—	—	—	—	—
		5.输入补票数： （1）在维护面板输入账号、密码后，点击Enter键登录； （2）在"主菜单"中，选择"1 运营服务"； （3）在"运营服务"界面，选择"2 补充单程票A"； （4）输入补票数600，按F1键加票	—	5.扣分标准： （1）未输入A票箱补票数，或补票数错误，扣5分	—	—	—	—	—
		（5）按Esc键返回到"运营服务"界面，选择"4 补充单程票B"； （6）输入补票数600，按F1键加票	—	（2）未输入B票箱补票数，或补票数错误，扣5分	—	—	—	—	—
3	补充硬币	1.按压蓝色解锁按钮，拉出硬币模块	—	—	—	—	—	—	—
		2.使用硬币专用找零钱箱侧门钥匙(2号)打开专用找零钱箱侧门	—	2.未打开侧门，扣2分	—	—	—	—	—
		3.装入1元专用找零钱箱A	—	3.未装入1元专用找零钱箱，扣5分	—	—	—	—	—
		4.锁上专用找零钱箱侧门，拔出钥匙	—	4.扣分标准： （1）未锁上侧门，扣2分	—	—	—	—	—
				（2）未拔出钥匙，扣2分	—	—	—	—	—
		5.按压蓝色解锁按钮，推回硬币模块	—	—	—	—	—	—	—
		6.输入1元硬币补币数： （1）按Esc键返回到"运营服务"界面，选择"1 补充硬币A"； （2）输入补币数500，按F1键加币	—	6.未输入1元硬币补币数，或补币数错误，扣5分	—	—	—	—	—
4	装入纸币钱箱	1.按压蓝色解锁按钮，拉出纸币模块	—	—	—	—	—	—	—
		2.装入5元找零钱箱、10元找零钱箱	—	2.未将5元和10元找零钱箱安装到位，扣6分	—	—	—	—	—

活页 6-5

续上表

序号	作业程序	作业内容	配分	评分标准	评判结果	小组互评 扣分	小组互评 得分	教师评分 扣分	教师评分 得分
4	装入纸币钱箱	3. 装入纸币回收钱箱	—	3. 未将纸币回收钱箱装到位，扣6分	—	—	—	—	—
		4. 按压蓝色解锁按钮，推回纸币模块	—						
		5. 输入5元纸币、10元纸币补币数： (1)按Esc键返回到"运营服务"界面中，选择"8 补充五元纸币"； (2)输入补币数量500，按F1键加币	—	5. 扣分标准： (1)未输入5元补币数，或补币数错误，扣6分	—	—	—	—	—
		(3)按Esc键返回到"运营服务"界面，选择"9 补充十元纸币"； (4)输入补币数量500，按F1键加币	—	(2)未输入10元补币数，或补币数错误，扣6分					
5	装入硬币回收钱箱并上锁	1. 装入硬币回收钱箱	—	1. 未装入或未装到位，扣5分	—	—	—	—	—
		2. 上锁： (1)使用硬币回收钱箱硬币入口封门钥匙(4号)将硬币入口封门锁锁到位	—	2. 扣分标准： (1)未将硬币入口封门锁锁到位，扣3分	—	—	—	—	—
		(2)拔出钥匙	—	(2)未拔出钥匙，扣2分	—	—	—	—	—
6	注销退出	1. 注销退出： (1)按Esc键返回到主菜单； (2)选择8 注销退出，选择1 确定	—	1. 未注销退出，扣5分	—	—	—	—	—
		2. 关上并锁闭TVM维护门(先关上门，再关下门)	—	2. 未关闭维护门，扣3分	—	—	—	—	—
		3. 拔出钥匙	—	3. 未拔出钥匙，扣2分	—	—	—	—	—
7	确认TVM设备正常	查看TVM运营状态显示器显示"服务中"，乘客显示器(触摸屏)处于正常服务模式。 1. 手指：TVM运营状态显示器、乘客显示器。 2. 口呼：设备正常	10	扣分标准： (1)若设备未处于正常服务模式，而进行手指口呼，扣10分； (2)未手指或手指位置错误，每处扣2.5分，配分5分； (3)未口呼或口呼内容错误，扣5分； (4)配分10分，扣完为止	( )				
	合计		10	注：此项目包含5分形象分，本任务假设另外85分为计算机自动评分					

评分员签名：　　　　　　　　　　　　　　　　　　　　　　　　　　年　　月　　日

实训任务 6.2 TVM关站作业

任务情境

TVM处于暂停服务状态,要求将票箱、钱箱等清空,实现TVM结束运营。

任务要求

了解TVM内部构造,熟练掌握TVM关站流程。

任务发布

指导教师下达任务要求,学生以3人为一小组的形式根据故障现象,排查故障原因,按照岗位角色需求完成相应任务,采用相应任务完成后进行换岗的方法进行任务实施,以保证每位同学适应不同岗位要求。任务完成后进行小组互评和教师评分,并总结心得体会。

任务分组

建议学习者组建学习小组,制订学习计划,共同完成相关任务。

姓 名	学 号	分 工	备 注	学 习 计 划
			组长	

任务实施时间

3~5分钟。

任务准备

TVM关站作业流程   表6-3

序号	作业程序	作 业 内 容
1	下班盘点	1. 使用TVM维护门钥匙(1号)打开TVM维护门下门和上门
		2. 进入下班盘点: (1)在维护面板输入账号、密码后,点击Enter键登录; (2)在"主菜单"中,选择"5 下班盘点"
2	取出票箱	1. 按压蓝色解锁按钮,拉出发卡模块
		2. 取出2个票箱: (1)取出A票箱:拉动A票箱下面的卡扣,取出A票箱; (2)取出B票箱:拉动B票箱下面的卡扣,取出B票箱
		3. 按压蓝色解锁按钮,推回发卡模块
3	取出1元专用找零钱箱	1. 按压蓝色解锁按钮,拉出硬币模块
		2. 取出1元专用找零钱箱: (1)使用硬币专用找零钱箱侧门钥匙(2号)打开专用找零钱箱侧门;

续上表

序号	作业程序	作业内容
3	取出1元专用找零钱箱	(2)取出1元专用找零钱箱A； (3)锁上专用找零钱箱侧门,拔出钥匙 3.按压蓝色解锁按钮,推回硬币模块
4	取出纸币钱箱	1.按压蓝色解锁按钮,拉出纸币模块 2.取出5元、10元找零钱箱： (1)使用纸币钱箱安全钥匙(6号)打开纸币找零钱箱安全锁； (2)取出5元找零钱箱； (3)取出10元找零钱箱 3.取出纸币回收钱箱： (1)使用纸币钱箱安全钥匙(6号)打开纸币回收钱箱安全锁； (2)取出纸币回收钱箱 4.拔出钥匙 5.按压蓝色解锁按钮,推回纸币模块
5	取出硬币回收钱箱	1.取出硬币回收钱箱：使用硬币回收钱箱硬币入口封门钥匙(4号)解锁硬币入口封门锁,拉出硬币回收钱箱 2.拔出钥匙
6	运营统计	进入运营统计： (1)按Esc键返回到主菜单； (2)选择4运营统计,确认单程票、硬币、纸币数量清零
7	注销退出	1.注销退出： (1)按Esc键返回到主菜单； (2)选择"8注销退出",选择"1确定" 2.关上并锁闭TVM维护门(先关上门,再关下门) 3.拔出钥匙
8	关闭TVM设备	查看TVM运营状态显示器显示"结束运营",乘客显示器(触摸屏)显示结束运营。 1.手指：TVM运营状态显示器、乘客显示器。 2.口呼：结束运营

任务实施与评价

TVM关站作业任务实施与评价　　表6-4

序号	作业程序	作业内容	配分	评分标准	评判结果	小组互评		教师评分	
						扣分	得分	扣分	得分
1	下班盘点	1.使用TVM维护门钥匙(1号)打开TVM维护门下门和上门	—	1.未打开维护门,扣5分	—	—	—	—	—
		2.进入下班盘点： (1)在维护面板输入账号、密码后,点击Enter键登录； (2)在"主菜单"中,选择"5下班盘点"	—	2.未进行下班盘点,扣10分	—	—	—	—	—
2	取出票箱	1.按压蓝色解锁按钮,拉出发卡模块	—	—	—	—	—	—	—
		2.取出2个票箱： (1)取出A票箱：拉动A票箱下面的卡扣,取出A票箱； (2)取出B票箱：拉动B票箱下面的卡扣,取出B票箱	—	2.扣分标准： (1)未取出A票箱,扣6分 (2)未取出B票箱,扣6分	—	—	—	—	—
		3.按压蓝色解锁按钮,推回发卡模块	—	—	—	—	—	—	—

续上表

序号	作业程序	作业内容	配分	评分标准	评判结果	小组互评		教师评分	
						扣分	得分	扣分	得分
3	取出1元专用找零钱箱	1.按压蓝色解锁按钮,拉出硬币模块	—	—	—	—	—	—	—
		2.取出1元专用找零钱箱: (1)使用硬币专用找零钱箱侧门钥匙(2号)打开专用找零钱箱侧门; (2)取出1元专用找零钱箱A; (3)锁上专用找零钱箱侧门,拔出钥匙	—	2.扣分标准: (1)未取出1元专用找零钱箱,扣6分; (2)未锁上侧门,扣6分; (3)未拔出钥匙,扣2分	—	—	—	—	—
		3.按压蓝色解锁按钮,推回硬币模块	—	—	—	—	—	—	—
4	取出纸币钱箱	1.按压蓝色解锁按钮,拉出纸币模块	—	—	—	—	—	—	—
		2.取出5元、10元找零钱箱: (1)使用纸币钱箱安全钥匙(6号)打开纸币找零钱箱安全锁; (2)取出5元找零钱箱; (3)取出10元找零钱箱	—	2.扣分标准: (1)未取出5元找零钱箱,扣6分; (2)未取出10元找零钱箱,扣6分	—	—	—	—	—
		3.取出纸币回收钱箱: (1)使用纸币钱箱安全钥匙(6号)打开纸币回收钱箱安全锁; (2)取出纸币回收钱箱	—	3.未取出纸币回收钱箱,扣6分	—	—	—	—	—
		4.拔出钥匙	—	4.未拔出钥匙,扣2分	—	—	—	—	—
		5.按压蓝色解锁按钮,推回纸币模块	—	—	—	—	—	—	—
5	取出硬币回收钱箱	1.取出硬币回收钱箱:使用硬币回收钱箱硬币入口封门钥匙(4号)解锁硬币入口封门锁,拉出硬币回收钱箱	—	1.未取出硬币回收钱箱,扣6分	—	—	—	—	—
		2.拔出钥匙	—	2.未拔出钥匙,扣2分	—	—	—	—	—
6	运营统计	进入运营统计: (1)按Esc键返回到主菜单; (2)选择"4 运营统计",确认单程票、硬币、纸币数量清零	—	未通过运营统计确认单程票、硬币、纸币数量清零,扣10分	—	—	—	—	—
7	注销退出	1.注销退出: (1)按Esc键返回到主菜单; (2)选择"8 注销退出",选择"1 确定"	—	1.未注销退出,扣5分	—	—	—	—	—
		2.关上并锁闭TVM维护门(先关上门,再关下门)	—	2.未关闭维护门,扣3分	—	—	—	—	—
		3.拔出钥匙	—	3.未拔出钥匙,扣2分	—	—	—	—	—

活页6-9

续上表

序号	作业程序	作业内容	配分	评分标准	评判结果	小组互评 扣分	小组互评 得分	教师评分 扣分	教师评分 得分
8	关闭TVM设备	查看TVM运营状态显示器显示"结束运营",乘客显示器(触摸屏)显示结束运营。 1. 手指:TVM运营状态显示器、乘客显示器。 2. 口呼:结束运营	10	扣分标准: (1)若设备未处于结束运营模式,而进行手指口呼,扣10分; (2)未手指或手指位置错误,每处扣2.5分,配分5分; (3)未口呼或口呼内容错误,扣5分; (4)配分10分,扣完为止	( )				
	合计		10	注:本任务假设另外90分为计算机自动评分和语音评分					

评分员签名:　　　　　　　　　　　　　　　　　　　　　　　　　年　　月　　日

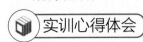

实训心得体会

实训任务 6.3 TVM票箱空的处置

📚 任务情境

TVM运营状态显示器显示"暂停服务",乘客显示器显示"暂停服务"。

📓 任务要求

能按照TVM故障排查表排查故障,进行TVM票箱空的处置。

📖 任务发布

指导教师下达任务要求,学生以3人为一小组的形式根据故障现象,排查故障原因,按照岗位角色需求完成相应任务,采用相应任务完成后进行换岗的方法进行任务实施,以保证每位同学适应不同岗位要求。任务完成后进行小组互评和教师评分,并总结心得体会。

📘 任务分组

建议学习者组建学习小组,制订学习计划,共同完成相关任务。

姓 名	学 号	分 工	备 注	学 习 计 划
			组长	

🍎 任务实施时间

3~5分钟。

📖 任务准备

TVM票箱空的故障排查 表6-5

故障模块	故 障 现 象	故障原因	排 查 方 法
发卡模块	TVM运营状态显示器显示"暂停服务",乘客显示器显示"暂停服务"	票箱空	1. 使用TVM维护门钥匙(1号)打开TVM维护门下门和上门
			2. 查看状态提示: (1)在维护面板输入账号、密码后,点击Enter键登录; (2)状态栏提示"票箱A:空,票箱B:空"
			3. 按压蓝色解锁按钮,拉出发卡模块。发现:票箱A空,票箱B空

TVM票箱空的处置流程 表6-6

序号	作业程序	作业内容
1	排查故障	按照TVM故障排查表排查故障

续上表

序号	作业程序	作业内容
2	确认故障	1. 手指：A 票箱、B 票箱
		2. 口呼：票箱已空，补充单程票
3	补充单程票	1. 取出空票箱： (1) 拉动 A 票箱下面的卡扣，取出 A 票箱； (2) 拉动 B 票箱下面的卡扣，取出 B 票箱
		2. 安装新票箱： (1) 拉动 A 票箱下面的卡扣，将装满单程票的票箱，放在对应 A 卡槽，松开票箱卡扣，使其自动复位； (2) 拉动 B 票箱下面的卡扣，将装满单程票的票箱，放在对应 B 卡槽，松开票箱卡扣，使其自动复位
		3. 按压蓝色解锁按钮，推回发卡模块
		4. 输入补票数： (1) 在"主菜单"中，选择"1 运营服务"； (2) 选择"2 补充单程票 A"； (3) 输入补票数量 600，按 F1 键加票； (4) 按 Esc 键返回到"运营服务"界面，选择"4 补充单程票 B"； (5) 输入补票数 600，按 F1 键加票
4	注销退出	1. 注销退出： (1) 按 Esc 键返回到主菜单； (2) 选择"8 注销退出"，选择"1 确定"
		2. 关上并锁闭 TVM 维护门（先关上门，再关下门）
		3. 拔出钥匙
5	确认设备恢复正常	确认 TVM 恢复正常服务模式：运营状态显示器显示"服务中"，乘客显示器（触摸屏）处于正常服务模式。 1. 手指：TVM 运营状态显示器、乘客显示器。 2. 口呼：设备恢复正常

任务实施与评价

TVM 票箱空的处置任务实施与评价

表 6-7

序号	作业程序	作业内容	配分	评分标准	评判结果	小组互评 扣分	小组互评 得分	教师评分 扣分	教师评分 得分
1	排查故障	按照 TVM 故障排查表排查故障	—	—	—	—	—	—	—
2	确认故障	1. 手指：A 票箱、B 票箱	10	1. 未手指或手指位置错误，扣 5 分，配分 10 分	( )				
		2. 口呼：票箱已空，补充单程票	10	2. 未口呼或口呼内容错误，扣 10 分	( )				
3	补充单程票	1. 取出空票箱： (1) 拉动 A 票箱下面的卡扣，取出 A 票箱； (2) 拉动 B 票箱下面的卡扣，取出 B 票箱	—	1. 扣分标准： (1) 未取出 A 票箱，扣 5 分； (2) 未取出 B 票箱，扣 5 分； (3) 配分 10 分	—	—	—	—	—
		2. 安装新票箱： (1) 拉动 A 票箱下面的卡扣，将装满单程票的票箱，放在对应 A 卡槽，松开票箱卡扣，使其自动复位； (2) 拉动 B 票箱下面的卡扣，将装满单程票的票箱，放在对应 B 卡槽，松开票箱卡扣，使其自动复位	—	2. 扣分标准： (1) 未安装 A 票箱到位，扣 5 分； (2) 未安装 B 票箱到位，扣 5 分； (3) 配分 10 分	—	—	—	—	—

活页 6-12

续上表

序号	作业程序	作业内容	配分	评分标准	评判结果	小组互评 扣分	小组互评 得分	教师评分 扣分	教师评分 得分
3	补充单程票	3.按压蓝色解锁按钮,推回发卡模块	—	—	—	—	—	—	—
		4.输入补票数: (1)在"主菜单"中,选择"1 运营服务"; (2)选择"2 补充单程票 A"; (3)输入补票数量 600,按 F1 键加票; (4)按 Esc 键返回到"运营服务"界面,选择"4 补充单程票 B"; (5)输入补票数 600,按 F1 键加票		4.扣分标准: (1)未输入 A 票箱补票数,或补票数错误,扣 10 分; (2)未输入 B 票箱补票数,或补票数错误,扣 10 分; (3)配分 20 分					
4	注销退出	1.注销退出: (1)按 Esc 键返回到主菜单; (2)选择"8 注销退出",选择"1 确定"	—	1.未注销退出,扣 10 分	—				
		2.关上并锁闭 TVM 维护门(先关上门,再关下门)	—	2.未关闭维护门,扣 5 分					
		3.拔出钥匙	—	3.未拔出钥匙,扣 5 分	—	—	—	—	—
5	确认设备恢复正常	确认 TVM 恢复正常服务模式:运营状态显示器显示"服务中",乘客显示器(触摸屏)处于正常服务模式。 1.手指:TVM 运营状态显示器、乘客显示器。 2.口呼:设备恢复正常	20	扣分标准: (1)若设备未恢复正常服务模式,而进行手指口呼,扣 20 分; (2)未手指或手指位置错误,每处扣 5 分,配分 10 分; (3)未口呼或口呼内容错误,扣 10 分; (4)配分 20 分,扣完为止	( )				
	合计		40	注:本任务假设另外 60 分为计算机自动评分和语音评分					

评分员签名:　　　　　　　　　　　　　　　　　　　　　　　　　　年　　月　　日

实训心得体会

活页 6-13

实训任务 6.4 TVM未输入补票数的处置

任务情境

TVM运营状态显示器显示"暂停服务",乘客显示器显示"暂停服务"。

任务要求

能按照TVM故障排查表排查故障,进行TVM未输入补票数的处置。

任务发布

指导教师下达任务要求,学生以3人为一小组的形式根据故障现象,排查故障原因,按照岗位角色需求完成相应任务,采用相应任务完成后进行换岗的方法进行任务实施,以保证每位同学适应不同岗位要求。任务完成后进行小组互评和教师评分,并总结心得体会。

任务分组

建议学习者组建学习小组,制订学习计划,共同完成相关任务。

姓 名	学 号	分 工	备注	学习计划
			组长	

任务实施时间

3~5分钟。

任务准备

TVM未输入补票数的故障排查 表6-8

故障模块	故 障 现 象	故障原因	排 查 方 法
发卡模块	TVM运营状态显示器显示"暂停服务",乘客显示器显示"暂停服务"	未输入补票数	1. 使用TVM维护门钥匙(1号)打开TVM维护下门和上门 2. 查看状态提示: (1)在维护面板输入账号、密码后,点击Enter键登录; (2)状态栏提示:"票箱A:空,票箱B:空" 3. 按压蓝色解锁按钮,拉出发卡模块。发现:票箱A有票,票箱B有票

TVM未输入补票数的处置流程 表6-9

序号	作业程序	作业内容
1	排查故障	按照TVM故障排查表排查故障
2	确认故障	1. 手指:A票箱、B票箱
		2. 口呼:未输入补票数,现输入补票数

活页 6-15

续上表

序号	作业程序	作业内容
3	补充单程票	1. 按压蓝色解锁按钮,推回发卡模块 2. 输入补票数： (1) 在"主菜单"中,选择"1 运营服务"； (2) 选择"2 补充单程票 A"； (3) 输入补票数量 600,按 F1 键加票； (4) 按 Esc 键返回到"运营服务"界面,选择"4 补充单程票 B"； (5) 输入补票数 600,按 F1 键加票
4	注销退出	1. 注销退出： (1) 按 Esc 键返回到主菜单； (2) 选择"8 注销退出",选择"1 确定"。 2. 关上并锁闭 TVM 维护门(先关上门,再关下门) 3. 拔出钥匙
5	确认设备恢复正常	确认 TVM 恢复正常服务模式：运营状态显示器显示"服务中",乘客显示器(触摸屏)处于正常服务模式。 1. 手指：TVM 运营状态显示器、乘客显示器。 2. 口呼：设备恢复正常

任务实施与评价

TVM 未输入补票数的处置任务实施与评价

表 6-10

序号	作业程序	作业内容	配分	评分标准	评判结果	小组互评		教师评分	
						扣分	得分	扣分	得分
1	排查故障	按照 TVM 故障排查表排查故障	—	—					
2	确认故障	1. 手指：A 票箱、B 票箱	10	1. 未手指或手指位置错误,扣 5 分,配分 10 分	( )				
		2. 口呼：未输入补票数,现输入补票数	10	2. 未口呼或口呼内容错误,扣 10 分	( )				
3	补充单程票	1. 按压蓝色解锁按钮,推回发卡模块		—					
		2. 输入补票数： (1) 在"主菜单"中,选择"1 运营服务"； (2) 选择"2 补充单程票 A"； (3) 输入补票数量 600,按 F1 键加票； (4) 按 Esc 键返回到"运营服务"界面,选择"4 补充单程票 B"； (5) 输入补票数 600,按 F1 键加票		2. 扣分标准： (1) 未输入 A 票箱补票数,或补票数错误,扣 20 分； (2) 未输入 B 票箱补票数,或补票数错误,扣 20 分； (3) 配分 40 分					
4	注销退出	1. 注销退出： (1) 按 Esc 键返回到主菜单； (2) 选择"8 注销退出",选择"1 确定"	—	1. 未注销退出,扣 10 分					
		2. 关上并锁闭 TVM 维护门(先关上门,再关下门)	—	2. 未关闭维护门,扣 5 分					
		3. 拔出钥匙	—	3. 未拔出钥匙,扣 5 分					

活页 6-16

续上表

序号	作业程序	作业内容	配分	评分标准	评判结果	小组互评 扣分	小组互评 得分	教师评分 扣分	教师评分 得分
5	确认设备恢复正常	确认TVM恢复正常服务模式：运营状态显示器显示"服务中"，乘客显示器（触摸屏）处于正常服务模式。 1. 手指：TVM运营状态显示器、乘客显示器。 2. 口呼：设备恢复正常	20	扣分标准： （1）若设备未恢复正常服务模式，而进行手指口呼，扣20分； （2）未手指或手指位置错误，每处扣5分，配分10分； （3）未口呼或口呼内容错误，扣10分； （4）配分20分，扣完为止	（　）				
	合计		40	注：本任务假设另外60分为计算机自动评分和语音评分					

评分员签名：　　　　　　　　　　　　　　　　　　　　　　　　　　年　月　日

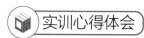

实训心得体会

活页6-17

 **TVM废票箱满的处置**

任务情境

TVM运营状态显示器显示"暂停服务",乘客显示器显示"暂停服务"。

任务要求

能按照TVM故障排查表排查故障,进行TVM废票箱满的处置。

任务发布

指导教师下达任务要求,学生以3人为一小组的形式根据故障现象,排查故障原因,按照岗位角色需求完成相应任务,采用相应任务完成后进行换岗的方法进行任务实施,以保证每位同学适应不同岗位要求。任务完成后进行小组互评和教师评分,并总结心得体会。

任务分组

建议学习者组建学习小组,制订学习计划,共同完成相关任务。

姓 名	学 号	分 工	备注	学 习 计 划
			组长	

任务实施时间

3~5分钟。

任务准备

TVM废票箱满的故障排查　　　　　　　　　　　　　　　　　　　　表6-11

故障模块	故障现象	故障原因	排查方法
发卡模块	TVM运营状态显示器显示"暂停服务",乘客显示器显示"暂停服务"	废票箱满	1. 使用TVM维护门钥匙(1号)打开TVM维护门下门和上门
			2. 查看状态提示: (1)在维护面板输入账号、密码后,点击Enter键登录; (2)状态栏提示"废票箱:满"
			3. 检查废票箱: (1)按压蓝色解锁按钮,拉出发卡模块; (2)拉出废票箱,发现:废票箱满

TVM废票箱满的处置流程　　　　　　　　　　　　　　　　　　　　表6-12

序号	作业程序	作业内容
1	排查故障	按照TVM故障排查表排查故障

续上表

序号	作业程序	作业内容
2	确认故障	1. 手指：废票箱
		2. 口呼：废票箱满，清空废票箱
3	输入补票数	1. 清空废票箱：取出废票箱并清空废票箱
		2. 重新装回废票箱
		3. 按压蓝色解锁按钮，推回发卡模块
		4. 废票箱票数清零： (1) 在"主菜单"中，选择"1 运营服务"； (2) 选择"7 清理废票箱"； (3) 按 F1 键，清零废票箱
4	注销退出	1. 注销退出： (1) 按 Esc 键返回到主菜单； (2) 选择"8 注销退出"，选择"1 确定"
		2. 关上并锁闭 TVM 维护门（先关上门，再关下门）
		3. 拔出钥匙
5	确认设备恢复正常	确认 TVM 恢复正常服务模式：运营状态显示器显示"服务中"，乘客显示器（触摸屏）处于正常服务模式。 1. 手指：TVM 运营状态显示器、乘客显示器。 2. 口呼：设备恢复正常

任务实施与评价

TVM 废票箱满的处置任务实施与评价

表 6-13

序号	作业程序	作业内容	配分	评分标准	评判结果	小组互评		教师评分	
						扣分	得分	扣分	得分
1	排查故障	按照 TVM 故障排查表排查故障	—	—	—	—	—	—	—
2	确认故障	1. 手指：废票箱	10	1. 未手指或手指位置错误，扣 10 分	( )				
		2. 口呼：废票箱满，清空废票箱	10	2. 未口呼或口呼内容错误，扣 10 分	( )				
3	输入补票数	1. 清空废票箱：取出废票箱并清空废票箱	—	1. 未清空废票箱，扣 10 分	—	—	—	—	—
		2. 重新装回废票箱	—	2. 未安装废票箱，扣 10 分	—	—	—	—	—
		3. 按压蓝色解锁按钮，推回发卡模块	—		—	—	—	—	—
		4. 废票箱票数清零： (1) 在"主菜单"中，选择"1 运营服务"； (2) 选择"7 清理废票箱"； (3) 按 F1 键，清零废票箱	—	4. 未将废票箱票数清零，扣 20 分	—	—	—	—	—
4	注销退出	1. 注销退出： (1) 按 Esc 键返回到主菜单； (2) 选择"8 注销退出"，选择"1 确定"	—	1. 未注销退出，扣 10 分	—	—	—	—	—
		2. 关上并锁闭 TVM 维护门（先关上门，再关下门）	—	2. 未关闭维护门，扣 5 分	—	—	—	—	—
		3. 拔出钥匙	—	3. 未拔出钥匙，扣 5 分	—	—	—	—	—

活页 6-20

续上表

序号	作业程序	作业内容	配分	评分标准	评判结果	小组互评 扣分	小组互评 得分	教师评分 扣分	教师评分 得分
5	确认设备恢复正常	确认TVM恢复正常服务模式:运营状态显示器显示"服务中",乘客显示器(触摸屏)处于正常服务模式。 1. 手指:TVM运营状态显示器、乘客显示器。 2. 口呼:设备恢复正常	20	扣分标准: (1)若设备未恢复正常服务模式,而进行手指口呼,扣20分; (2)未手指或手指位置错误,每处扣5分,配分10分; (3)未口呼或口呼内容错误,扣10分; (4)配分20分,扣完为止	( )				
		合计	40	注:本任务假设另外60分为计算机自动评分和语音评分					

评分员签名:　　　　　　　　　　　　　　　　　　　　　　　　　　　　　　年　　月　　日

实训心得体会

实训任务 6.6 TVM废票箱未清零的处置

任务情境
TVM运营状态显示器显示"暂停服务",乘客显示器显示"暂停服务"。

任务要求
能按照TVM故障排查表排查故障,进行TVM废票箱未清零的处置。

任务发布
指导教师下达任务要求,学生以3人为一小组的形式根据故障现象,排查故障原因,按照岗位角色需求完成相应任务,采用相应任务完成后进行换岗的方法进行任务实施,以保证每位同学适应不同岗位要求。任务完成后进行小组互评和教师评分,并总结心得体会。

任务分组
建议学习者组建学习小组,制订学习计划,共同完成相关任务。

姓 名	学 号	分 工	备注	学习计划
			组长	

任务实施时间
3~5分钟。

任务准备

TVM废票箱未清零的故障排查　　　　　　　　　　　　　　　表6-14

故障模块	故 障 现 象	故障原因	排 查 方 法
发卡模块	TVM运营状态显示器显示"暂停服务",乘客显示器显示"暂停服务"	废票箱未清零	1. 使用TVM维护门钥匙(1号)打开TVM维护门下门和上门
			2. 查看状态提示: (1)在维护面板输入账号、密码后,点击Enter键登录; (2)状态栏提示"废票箱:满"
			3. 检查废票箱: (1)按压蓝色解锁按钮,拉出发卡模块; (2)拉出废票箱,发现:废票箱空

TVM废票箱未清零的处置流程　　　　　　　　　　　　　　　表6-15

序号	作业程序	作业内容
1	排查故障	按照TVM故障排查表排查故障

活页6-23

续上表

序号	作业程序	作业内容
2	确认故障	1. 手指:废票箱
		2. 口呼:废票箱未清零,现清零废票箱
3	输入补票数	1. 装回废票箱
		2. 按压蓝色解锁按钮,推回发卡模块
		3. 废票箱票数清零: (1) 在"主菜单"中,选择"1 运营服务"; (2) 选择"7 清理废票箱"; (3) 按 F1 键,清零废票箱
4	注销退出	1. 注销退出: (1) 按 Esc 键返回到主菜单; (2) 选择"8 注销退出",选择"1 确定"
		2. 关上并锁闭 TVM 维护门(先关上门,再关下门)
		3. 拔出钥匙
5	确认设备恢复正常	确认 TVM 恢复正常服务模式:运营状态显示器显示"服务中",乘客显示器(触摸屏)处于正常服务模式。 1. 手指:TVM 运营状态显示器、乘客显示器。 2. 口呼:设备恢复正常

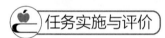

任务实施与评价

TVM 废票箱未清零的处置任务实施与评价

表 6-16

序号	作业程序	作业内容	配分	评分标准	评判结果	小组互评 扣分	小组互评 得分	教师评分 扣分	教师评分 得分
1	排查故障	按照 TVM 故障排查表排查故障	—	—	—	—	—	—	—
2	确认故障	1. 手指:废票箱	10	1. 未手指或手指位置错误,扣 10 分	( )				
		2. 口呼:废票箱未清零,现清零废票箱	10	2. 未口呼或口呼内容错误,扣 10 分	( )				
3	输入补票数	1. 装回废票箱	—	1. 未清空废票箱,扣 20 分	—	—	—	—	—
		2. 按压蓝色解锁按钮,推回发卡模块							
		3. 废票箱票数清零: (1) 在"主菜单"中,选择"1 运营服务"; (2) 选择"7 清理废票箱"; (3) 按 F1 键,清零废票箱	—	3. 未将废票箱票数清零,扣 20 分	—	—	—	—	—
4	注销退出	1. 注销退出: (1) 按 Esc 键返回到主菜单; (2) 选择"8 注销退出",选择"1 确定"		1. 未注销退出,扣 10 分					
		2. 关上并锁闭 TVM 维护门(先关上门,再关下门)		2. 未关闭维护门,扣 5 分					
		3. 拔出钥匙		3. 未拔出钥匙,扣 5 分					

续上表

序号	作业程序	作业内容	配分	评分标准	评判结果	小组互评		教师评分	
						扣分	得分	扣分	得分
5	确认设备恢复正常	确认TVM恢复正常服务模式：运营状态显示器显示"服务中"，乘客显示器（触摸屏）处于正常服务模式。 1. 手指：TVM运营状态显示器、乘客显示器。 2. 口呼：设备恢复正常	20	扣分标准： （1）若设备未恢复正常服务模式，而进行手指口呼，扣20分； （2）未手指或手指位置错误，每处扣5分，配分10分； （3）未口呼或口呼内容错误，扣10分； （4）配分20分，扣完为止	（　）				
	合计		40	注：本任务假设另外60分为计算机自动评分和语音评分					

评分员签名：　　　　　　　　　　　　　　　　　　　　　　　　　　　年　　月　　日

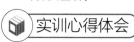
实训心得体会

实训任务 6.7 TVM发卡模块卡票的处置

任务情境

TVM运营状态显示器显示"暂停服务",乘客显示器显示"暂停服务"。

任务要求

能按照TVM故障排查表排查故障,进行TVM发卡模块卡票的处置。

任务发布

指导教师下达任务要求,学生以3人为一小组的形式根据故障现象,排查故障原因,按照岗位角色需求完成相应任务,采用相应任务完成后进行换岗的方法进行任务实施,以保证每位同学适应不同岗位要求。任务完成后进行小组互评和教师评分,并总结心得体会。

任务分组

建议学习者组建学习小组,制订学习计划,共同完成相关任务。

姓 名	学 号	分 工	备注	学 习 计 划
			组长	

任务实施时间

3~5分钟。

任务准备

TVM发卡模块卡票的故障排查　　表6-17

故障模块	故障现象	故障原因	排 查 方 法
发卡模块	TVM运营状态显示器显示"暂停服务",乘客显示器显示"暂停服务"	发卡模块卡票	1. 使用TVM维护门钥匙(1号)打开TVM维护门下门和上门
			2. 查看状态提示: (1)在维护面板输入账号、密码后,点击Enter键登录; (2)状态栏提示"发卡模块:异常"
			3. 按压蓝色解锁按钮,拉出发卡模块
			4. 进入单程票模块测试: (1)在"主菜单"中选择"3 部件维护"; (2)在"部件维护"中,选择"1 单程票发卡模块"; (3)在"单程票发卡模块"中选择"3 部件测试"; (4)在"部件测试"中选择"1 票到读写器"; (5)发现票不能正常发出(还在票箱中,没发出来),确定票箱中有异常票

TVM 发卡模块卡票的处置流程

表 6-18

序号	作业程序	作业内容
1	排查故障	按照 TVM 故障排查表排查故障
2	确认故障	1. 手指:A 票箱
		2. 口呼:发卡模块卡票,清除异常票
3	输入补票数	1. 取出票箱 A:拉动 A 票箱下面的卡扣,取出 A 票箱
		2. 清除异常票:清除异常票
		3. 口呼:异常票清除
		4. 重新安装票箱 A:拉动 A 票箱下面的卡扣,将票箱放在对应 A 卡槽,松开票箱卡扣,使其自动复位
4	发卡测试	1. 测试发售单程票: (1) 在"部件测试"界面,选择"1 票到读写器"; (2) 选择"2 票到出票口"
		2. 口呼:测试发售单程票成功
5	注销退出	1. 注销退出: (1) 按 Esc 键返回到主菜单; (2) 选择"8 注销退出",选择"1 确定"
		2. 关上并锁闭 TVM 维护门(先关上门,再关下门)
		3. 拔出钥匙
6	确认设备恢复正常	确认 TVM 恢复正常服务模式:运营状态显示器显示"服务中",乘客显示器(触摸屏)处于正常服务模式。 1. 手指:TVM 运营状态显示器、乘客显示器。 2. 口呼:设备恢复正常

任务实施与评价

TVM 发卡模块卡票的处置任务实施与评价

表 6-19

序号	作业程序	作业内容	配分	评分标准	评判结果	小组互评 扣分	小组互评 得分	教师评分 扣分	教师评分 得分
1	排查故障	按照 TVM 故障排查表排查故障	—	—	—	—	—	—	—
2	确认故障	1. 手指:A 票箱	10	1. 未手指或手指位置错误,扣 10 分	( )				
		2. 口呼:发卡模块卡票,清除异常票	10	2. 未口呼或口呼内容错误,扣 10 分	( )				
3	输入补票数	1. 取出票箱 A:拉动 A 票箱下面的卡扣,取出 A 票箱	—	1. 未取出 A 票箱,扣 5 分	—	—	—	—	—
		2. 清除异常票:清除异常票	—	2. 未清除异常票,扣 5 分					
		3. 口呼:异常票清除	5	3. 未口呼或口呼内容错误,扣 5 分	( )				
		4. 重新安装票箱 A:拉动 A 票箱下面的卡扣,将票箱放在对应 A 卡槽,松开票箱卡扣,使其自动复位	—	4. 未重新安装 A 票箱到位,扣 5 分					
4	发卡测试	1. 测试发售单程票: (1) 在"部件测试"界面,选择"1 票到读写器"; (2) 选择"2 票到出票口"	10	1. 未测试发售单程票成功,扣 10 分	( )				
		2. 口呼:测试发售单程票成功	10	2. 未口呼或口呼内容错误,扣 10 分	( )				

续上表

序号	作业程序	作业内容	配分	评分标准	评判结果	小组互评 扣分	小组互评 得分	教师评分 扣分	教师评分 得分
5	注销退出	1. 注销退出： （1）按 Esc 键返回到主菜单； （2）选择"8 注销退出"，选择"1 确定"	—	1. 未注销退出，扣10分	—	—	—	—	—
		2. 关上并锁闭 TVM 维护门（先关上门，再关下门）	—	2. 未关闭维护门，扣5分	—	—	—	—	—
		3. 拔出钥匙	—	3. 未拔出钥匙，扣5分	—	—	—	—	—
6	确认设备恢复正常	确认 TVM 恢复正常服务模式：运营状态显示器显示"服务中"，乘客显示器（触摸屏）处于正常服务模式。 1. 手指：TVM 运营状态显示器、乘客显示器。 2. 口呼：设备恢复正常	20	扣分标准： （1）若设备未恢复正常服务模式，而进行手指口呼，扣20分； （2）未手指或手指位置错误，每处扣5分，配分10分； （3）未口呼或口呼内容错误，扣10分； （4）配分20分，扣完为止	（ ）				
	合计		65	注：本任务假设另外35分为计算机自动评分和语音评分					

评分员签名：　　　　　　　　　　　　　　　　　　　　　　　　　年　　月　　日

实训心得体会

实训任务 6.8 TVM硬币回收钱箱满的处置

任务情境

TVM 运营状态显示器显示"服务中/只收纸币";乘客显示器右上角显示"只收纸币"。

任务要求

能按照 TVM 故障排查表排查故障,进行 TVM 硬币回收钱箱满的处置。

任务发布

指导教师下达任务要求,学生以 3 人为一小组的形式根据故障现象,排查故障原因,按照岗位角色需求完成相应任务,采用相应任务完成后进行换岗的方法进行任务实施,以保证每位同学适应不同岗位要求。任务完成后进行小组互评和教师评分,并总结心得体会。

任务分组

建议学习者组建学习小组,制订学习计划,共同完成相关任务。

姓 名	学 号	分 工	备注	学 习 计 划
			组长	

任务实施时间

3~5 分钟。

任务准备

TVM 硬币回收钱箱满的故障排查 表 6-20

故障模块	故 障 现 象	故障原因	排 查 方 法
硬币模块	TVM 运营状态显示器显示"服务中/只收纸币",乘客显示器显示"只收纸币"	硬币回收钱箱满	1. 使用 TVM 维护门钥匙(1号)打开 TVM 维护门下门和上门 2. 查看状态提示: (1)在维护面板输入账号、密码后,点击 Enter 键登录; (2)状态栏提示"硬币回收钱箱:满" 3. 打开硬币回收钱箱,确认硬币回收钱箱是否有硬币: (1)使用硬币回收钱箱硬币入口封门钥匙(4号)解锁硬币入口封门锁,拉出硬币回收钱箱,拔出钥匙; (2)使用硬币回收钱箱箱盖钥匙(5号)打开钱箱箱盖,发现硬币回收钱箱中有硬币

TVM 硬币回收钱箱满的处置流程 表 6-21

序号	作业程序	作 业 内 容
1	排查故障	按照 TVM 故障排查表排查故障
2	确认故障	1. 手指:硬币回收钱箱 2. 口呼:硬币回收钱箱满,更换硬币回收钱箱

活页 6-31

续上表

序号	作业程序	作 业 内 容
3	更换硬币回收钱箱	1. 将满的硬币回收钱箱箱盖锁上,并拔出钥匙 2. 将空硬币回收钱箱装入并上锁: (1)装入空硬币回收钱箱; (2)使用硬币回收钱箱硬币入口封门钥匙(4号)将硬币入口封门锁锁到位; (3)拔出钥匙 3. 硬币回收钱箱清零: (1)选择"1 运营服务"; (2)选择"5 更换硬币回收钱箱"; (3)输入账号、密码,点击 Enter 键进行硬币钱箱登录; (4)按 F1 键,开始更换; (5)选择"2 更换结束"
4	注销退出	1. 注销退出: (1)按 Esc 键返回到主菜单; (2)选择"8 注销退出",选择"1 确定" 2. 关上并锁闭 TVM 维护门(先关上门,再关下门) 3. 拔出钥匙
5	确认设备恢复正常	确认 TVM 恢复正常服务模式:运营状态显示器显示"服务中",乘客显示器(触摸屏)处于正常服务模式。 1. 手指:TVM 运营状态显示器、乘客显示器。 2. 口呼:设备恢复正常

任务实施与评价

TVM 硬币回收钱箱满的处置任务实施与评价　　表6-22

序号	作业程序	作业内容	配分	评分标准	评判结果	小组互评 扣分	小组互评 得分	教师评分 扣分	教师评分 得分
1	排查故障	按照 TVM 故障排查表排查故障	—	—	—	—	—	—	—
2	确认故障	1. 手指:硬币回收钱箱	10	1. 未手指或手指位置错误,扣10分	( )				
2	确认故障	2. 口呼:硬币回收钱箱满,更换硬币回收钱箱	10	2. 未口呼或口呼内容错误,扣10分	( )				
3	更换硬币回收钱箱	1. 将满的硬币回收钱箱箱盖锁上,并拔出钥匙	—	1. 扣分标准: (1)未将满的硬币回收钱箱箱盖锁上,扣7分; (2)未拔出钥匙,扣6分					
3	更换硬币回收钱箱	2. 将空硬币回收钱箱装入并上锁: (1)装入空硬币回收钱箱; (2)使用硬币回收钱箱硬币入口封门钥匙(4号)将硬币入口封门锁锁到位; (3)拔出钥匙	—	2. 扣分标准: (1)未将硬币入口封门锁锁到位,扣6分; (2)未拔出钥匙,扣6分					
3	更换硬币回收钱箱	3. 硬币回收钱箱清零: (1)选择"1 运营服务"; (2)选择"5 更换硬币回收钱箱"; (3)输入账号、密码,点击 Enter 键进行硬币钱箱登录; (4)按 F1 键,开始更换; (5)选择"2 更换结束"	—	3. 未清零硬币回收钱箱,扣15分					

续上表

序号	作业程序	作业内容	配分	评分标准	评判结果	小组互评 扣分	小组互评 得分	教师评分 扣分	教师评分 得分
4	注销退出	1. 注销退出： （1）按 Esc 键返回到主菜单； （2）选择"8 注销退出"，选择"1 确定"	—	1. 未注销退出，扣 10 分	—	—	—	—	—
		2. 关上并锁闭 TVM 维护门（先关上门，再关下门）	—	2. 未关闭维护门，扣 5 分	—	—	—	—	—
		3. 拔出钥匙	—	3. 未拔出钥匙，扣 5 分	—	—	—	—	—
5	确认设备恢复正常	确认 TVM 恢复正常服务模式：运营状态显示器显示"服务中"，乘客显示器（触摸屏）处于正常服务模式。 1. 手指：TVM 运营状态显示器、乘客显示器。 2. 口呼：设备恢复正常	20	扣分标准： （1）若设备未恢复正常服务模式，而进行手指口呼，扣 20 分； （2）未手指或手指位置错误，每处扣 5 分，配分 10 分； （3）未口呼或口呼内容错误，扣 10 分； （4）配分 20 分，扣完为止	（ ）				
	合计		40	注：本任务假设另外 60 分为计算机自动评分和语音评分					

评分员签名：　　　　　　　　　　　　　　　　　　　　　　　　年　　月　　日

实训心得体会

实训任务 6.9 TVM硬币回收钱箱未清零的处置

📚 任务情境

TVM 运营状态显示器显示"服务中/只收纸币";乘客显示器右上角显示"只收纸币"。

📖 任务要求

能按照 TVM 故障排查表排查故障,进行 TVM 硬币回收钱箱未清零的处置。

📖 任务发布

指导教师下达任务要求,学生以 3 人为一小组的形式根据故障现象,排查故障原因,按照岗位角色需求完成相应任务,采用相应任务完成后进行换岗的方法进行任务实施,以保证每位同学适应不同岗位要求。任务完成后进行小组互评和教师评分,并总结心得体会。

📔 任务分组

建议学习者组建学习小组,制订学习计划,共同完成相关任务。

姓 名	学 号	分 工	备注	学习计划
			组长	

🍎 任务实施时间

3~5 分钟。

📖 任务准备

TVM 硬币回收钱箱未清零的故障排查　　表 6-23

故障模块	故障现象	故障原因	排 查 方 法
硬币模块	TVM 运营状态显示器显示"服务中/只收纸币",乘客显示器显示"只收纸币"	硬币回收钱箱未清零	1. 使用 TVM 维护门钥匙(1号)打开 TVM 维护门下门和上门
			2. 查看状态提示: (1)在维护面板输入账号、密码后,点击 Enter 键登录; (2)状态栏提示"硬币回收钱箱:满"
			3. 打开硬币回收钱箱,确认硬币回收钱箱是否有硬币: (1)使用硬币回收钱箱硬币入口封门钥匙(4号)解锁硬币入口封门锁,拉出硬币回收钱箱,拔出钥匙; (2)使用硬币回收钱箱箱盖钥匙(5号)打开钱箱箱盖,发现硬币回收钱箱中无硬币

TVM 硬币回收钱箱未清零的处置流程 表 6-24

序号	作业程序	作 业 内 容
1	排查故障	按照 TVM 故障排查表排查故障
2	确认故障	1. 手指：硬币回收钱箱 2. 口呼：硬币回收钱未清零，现清零硬币回收钱箱
3	更换硬币回收钱箱	1. 重新装入硬币回收钱箱并上锁： (1) 将硬币回收钱箱箱盖重新锁上，并拔出钥匙； (2) 重新装入硬币回收钱箱； (3) 使用硬币回收钱箱硬币入口封门钥匙(4号)将硬币入口封门锁锁到位； (4) 拔出钥匙 2. 硬币回收钱箱清零： (1) 在"主菜单"选择"1 运营服务"； (2) 选择"5 更换硬币回收钱箱"； (3) 输入账号、密码，点击 Enter 键进行硬币钱箱登录； (4) 按 F1 键，开始更换； (5) 选择"2 更换结束"
4	注销退出	1. 注销退出： (1) 按 Esc 键返回到主菜单； (2) 选择"8 注销退出"，选择"1 确定" 2. 关上并锁闭 TVM 维护门(先关上门，再关下门) 3. 拔出钥匙
5	确认设备恢复正常	确认 TVM 恢复正常服务模式：运营状态显示器显示"服务中"，乘客显示器(触摸屏)处于正常服务模式。 1. 手指：TVM 运营状态显示器、乘客显示器。 2. 口呼：设备恢复正常

任务实施与评价

TVM 硬币回收钱箱未清零的处置任务实施与评价 表 6-25

序号	作业程序	作业内容	配分	评分标准	评判结果	小组互评 扣分	小组互评 得分	教师评分 扣分	教师评分 得分
1	排查故障	按照 TVM 故障排查表排查故障	—	—	—	—	—	—	—
2	确认故障	1. 手指：硬币回收钱箱	10	1. 未手指或手指位置错误，扣10分	( )				
		2. 口呼：硬币回收钱未清零，现清零硬币回收钱箱	10	2. 未口呼或口呼内容错误，扣10分	( )				
3	更换硬币回收钱箱	1. 重新装入硬币回收钱箱并上锁： (1) 将硬币回收钱箱箱盖重新锁上，并拔出钥匙； (2) 重新装入硬币回收钱箱； (3) 使用硬币回收钱箱硬币入口封门钥匙(4号)将硬币入口封门锁锁到位； (4) 拔出钥匙	—	1. 扣分标准： (1) 未将硬币入口封门锁锁到位，扣15分； (2) 未拔出钥匙，扣10分； (3) 配分25分	—	—	—	—	—
		2. 硬币回收钱箱清零： (1) 在"主菜单"选择"1 运营服务"； (2) 选择"5 更换硬币回收钱箱"； (3) 输入账号、密码，点击 Enter 键进行硬币钱箱登录； (4) 按 F1 键，开始更换； (5) 选择"2 更换结束"	—	2. 未清零硬币回收钱箱，扣15分	—	—	—	—	—

续上表

序号	作业程序	作业内容	配分	评分标准	评判结果	小组互评 扣分	小组互评 得分	教师评分 扣分	教师评分 得分
4	注销退出	1. 注销退出： （1）按 Esc 键返回到主菜单； （2）选择"8 注销退出"，选择"1 确定"	—	1. 未注销退出，扣 10 分	—				
		2. 关上并锁闭 TVM 维护门（先关上门，再关下门）	—	2. 未关闭维护门，扣 5 分	—				
		3. 拔出钥匙	—	3. 未拔出钥匙，扣 5 分	—				
5	确认设备恢复正常	确认 TVM 恢复正常服务模式：运营状态显示器显示"服务中"，乘客显示器（触摸屏）处于正常服务模式。 1. 手指：TVM 运营状态显示器、乘客显示器。 2. 口呼：设备恢复正常	20	扣分标准： （1）若设备未恢复正常服务模式，而进行手指口呼，扣 20 分； （2）未手指或手指位置错误，每处扣 5 分，配分 10 分； （3）未口呼或口呼内容错误，扣 10 分； （4）配分 20 分，扣完为止	（　）				
	合计		40	注：本任务假设另外 60 分为计算机自动评分和语音评分					

评分员签名：　　　　　　　　　　　　　　　　　　　　　　　　　　　年　　月　　日

实训心得体会

实训任务 6.10 TVM硬币专用找零钱箱空的处置

任务情境
TVM运营状态显示器显示"服务中";乘客显示器右上角显示"只纸币找零"。

任务要求
能按照TVM故障排查表排查故障,进行TVM硬币专用找零钱箱空的处置。

任务发布
指导教师下达任务要求,学生以3人为一小组的形式根据故障现象,排查故障原因,按照岗位角色需求完成相应任务,采用相应任务完成后进行换岗的方法进行任务实施,以保证每位同学适应不同岗位要求。任务完成后进行小组互评和教师评分,并总结心得体会。

任务分组
建议学习者组建学习小组,制订学习计划,共同完成相关任务。

姓 名	学 号	分 工	备 注	学 习 计 划
			组长	

任务实施时间
3~5分钟

任务准备

TVM硬币专用找零钱箱空的故障排查 表6-26

故障模块	故 障 现 象	故障原因	排 查 方 法
硬币模块	TVM运营状态显示器显示"服务中",乘客显示器显示"只纸币找零"	硬币专用找零钱箱空	1. 使用TVM维护门钥匙(1号)打开TVM维护门下门和上门
			2. 查看状态提示: (1)在维护面板输入账号、密码后,点击Enter键登录; (2)状态栏提示"硬币回收钱箱:满"
			3. 打开1元专用找零钱箱A,确认是否有硬币: (1)按压蓝色解锁按钮,拉出硬币模块; (2)使用硬币专用找零钱箱侧门钥匙(2号)打开硬币专用找零钱箱侧门; (3)拉出1元专用找零钱箱A;使用1元专用找零钱箱钥匙(3号)打开钱箱,发现钱箱里无硬币,确认1元专用找零钱箱A空

硬币专用找零钱箱空的处置流程 表6-27

序号	作业程序	作 业 内 容
1	排查故障	按照TVM故障排查表排查故障

续上表

序号	作业程序	作业内容
2	确认故障	1. 手指：1元专用找零钱箱A
		2. 口呼：1元专用找零钱箱空，补充1元硬币
3	补充硬币	1. 更换1元专用找零钱箱： (1) 将空的1元专用找零钱箱箱盖锁上，并拔出钥匙； (2) 将装满1元硬币的1元专用找零钱箱A装入
		2. 锁上专用找零钱箱侧门，并拔出钥匙
		3. 按压蓝色解锁按钮，推回硬币模块
		4. 输入1元硬币补币数： (1) 在"主菜单"，选择"1运营服务"； (2) 选择"1补充硬币A"； (3) 输入补币数量500，按F1键加币
4	注销退出	1. 注销退出： (1) 按Esc键返回到主菜单； (2) 选择"8注销退出"，选择"1确定"
		2. 关上并锁闭TVM维护门(先关上门，再关下门)
		3. 拔出钥匙
5	确认TVM设备正常	确认TVM恢复正常服务模式：运营状态显示器显示"服务中"，乘客显示器(触摸屏)处于正常服务模式。 1. 手指：TVM运营状态显示器、乘客显示器。 2. 口呼：设备恢复正常

任务实施与评价

TVM硬币专用找零钱箱空的处置任务实施与评价　　　　　　　　　　　　表6-28

序号	作业程序	作业内容	配分	评分标准	评判结果	小组互评		教师评分	
						扣分	得分	扣分	得分
1	排查故障	按照TVM故障排查表排查故障	—	—	—	—	—	—	—
2	确认故障	1. 手指：1元专用找零钱箱A	10	1. 未手指或手指位置错误，扣10分	( )				
		2. 口呼：1元专用找零钱箱空，补充1元硬币	10	2. 未口呼或口呼内容错误，扣10分	( )				
3	补充硬币	1. 更换1元专用找零钱箱： (1) 将空的1元专用找零钱箱箱盖锁上，并拔出钥匙； (2) 将装满1元硬币的1元专用找零钱箱A装入	—	1. 扣分标准： (1) 未将空的1元专用找零钱箱箱盖锁上，扣5分； (2) 未拔出钥匙，扣3分； (3) 未装入满的1元专用找零钱箱，扣5分	—	—	—	—	—
		2. 锁上专用找零钱箱侧门，并拔出钥匙	—	2. 扣分标准： (1) 未锁上侧门，扣4分； (2) 未拔出钥匙，扣3分	—	—	—	—	—
		3. 按压蓝色解锁按钮，推回硬币模块	—	—					
		4. 输入1元硬币补币数： (1) 在"主菜单"，选择"1运营服务"； (2) 选择"1补充硬币A"； (3) 输入补币数量500，按F1键加币		4. 未输入1元硬币补币数或补币数错误，扣20分					

活页6-40

续上表

序号	作业程序	作业内容	配分	评分标准	评判结果	小组互评		教师评分	
						扣分	得分	扣分	得分
4	注销退出	1. 注销退出： （1）按 Esc 键返回到主菜单； （2）选择"8 注销退出"，选择"1 确定"	—	1. 未注销退出，扣 10 分	—	—	—	—	—
		2. 关上并锁闭 TVM 维护门（先关上门，再关下门）	—	2. 未关闭维护门，扣 5 分					
		3. 拔出钥匙	—	3. 未拔出钥匙，扣 5 分	—	—	—	—	—
5	确认 TVM 设备正常	确认 TVM 恢复正常服务模式：运营状态显示器显示"服务中"，乘客显示器（触摸屏）处于正常服务模式。 1. 手指：TVM 运营状态显示器、乘客显示器。 2. 口呼：设备恢复正常	20	扣分标准： （1）若设备未恢复正常服务模式，而进行手指口呼，扣 20 分； （2）未手指或手指位置错误，每处扣 5 分，配分 10 分； （3）未口呼或口呼内容错误，扣 10 分； （4）配分 20 分，扣完为止	（ ）				
	合计		40	注：本任务假设另外 60 分为计算机自动评分和语音评分					

评分员签名：　　　　　　　　　　　　　　　　　　　　　　　　　　年　　月　　日

实训心得体会

实训任务 6.11 TVM未输入硬币补币数的处置

任务情境

TVM运营状态显示器显示"服务中";乘客显示器右上角显示"只纸币找零"。

任务要求

能按照TVM故障排查表排查故障,进行TVM未输入硬币补币数的处置。

任务发布

指导教师下达任务要求,学生以3人为一小组的形式根据故障现象,排查故障原因,按照岗位角色需求完成相应任务,采用相应任务完成后进行换岗的方法进行任务实施,以保证每位同学适应不同岗位要求。任务完成后进行小组互评和教师评分,并总结心得体会。

任务分组

建议学习者组建学习小组,制订学习计划,共同完成相关任务。

姓 名	学 号	分 工	备注	学 习 计 划
			组长	

任务实施时间

3~5分钟。

任务准备

TVM未输入硬币补币数的故障排查 表6-29

故障模块	故障现象	故障原因	排查方法
硬币模块	TVM运营状态显示器显示"服务中",乘客显示器显示"只纸币找零"	未输入硬币补币数	1. 使用TVM维护门钥匙(1号)打开TVM维护门下门和上门 2. 查看状态提示: (1)在维护面板输入账号、密码后,点击Enter键登录; (2)状态栏提示"硬币回收钱箱:满" 3. 打开1元专用找零钱箱A,确认是否有硬币: (1)按压蓝色解锁按钮,拉出硬币模块; (2)使用硬币专用找零钱箱侧门钥匙(2号)打开硬币专用找零钱箱侧门; (3)拉出1元专用找零钱箱A;使用1元专用找零钱箱钥匙(3号)打开钱箱,发现钱箱中有硬币

TVM未输入硬币补币数的处置流程 表6-30

序号	作业程序	作业内容
1	排查故障	按照TVM故障排查表排查故障
2	确认故障	1. 手指:1元专用找零钱箱A 2. 口呼:未输入补币数,现输入补币数

续上表

序号	作业程序	作业内容
3	补充硬币	1. 重新安装1元专用找零钱箱A： (1) 将1元专用找零钱箱箱盖锁上，并拔出钥匙； (2) 将1元专用找零钱箱重新装入
		2. 锁上专用找零钱箱侧门，并拔出钥匙
		3. 按压蓝色解锁按钮，推回硬币模块
		4. 输入1元硬币补币数： (1) 在"主菜单"，选择"1 运营服务"； (2) 选择"1 补充硬币A"； (3) 输入补币数量500，按F1键加币
4	注销退出	1. 注销退出： (1) 按Esc键返回到主菜单； (2) 选择"8 注销退出"，选择"1 确定"
		2. 关上并锁闭TVM维护门(先关上门，再关下门)
		3. 拔出钥匙
5	确认TVM设备正常	确认TVM恢复正常服务模式：运营状态显示器显示"服务中"，乘客显示器(触摸屏)处于正常服务模式。 1. 手指：TVM运营状态显示器、乘客显示器。 2. 口呼：设备恢复正常

任务实施与评价

TVM未输入硬币补币数的处置任务实施与评价　　表6-31

序号	作业程序	作业内容	配分	评分标准	评判结果	小组互评 扣分	小组互评 得分	教师评分 扣分	教师评分 得分
1	排查故障	按照TVM故障排查表排查故障	—	—	—	—	—	—	—
2	确认故障	1. 手指：1元专用找零钱箱A	10	1. 未手指或手指位置错误，扣10分	( )				
		2. 口呼：未输入补币数，现输入补币数	10	2. 未口呼或口呼内容错误，扣10分	( )				
3	补充硬币	1. 重新安装1元专用找零钱箱A： (1) 将1元专用找零钱箱箱盖锁上，并拔出钥匙； (2) 将1元专用找零钱箱重新装入	—	1. 扣分标准： (1) 未将1元专用找零钱箱箱盖锁上，扣5分； (2) 未拔出钥匙，扣3分； (3) 未重新装入1元专用找零钱箱，扣5分； (4) 配分13分	—				
		2. 锁上专用找零钱箱侧门，并拔出钥匙	—	2. 扣分标准： (1) 未锁上侧门，扣4分； (2) 未拔出钥匙，扣3分； (3) 配分7分	—				
		3. 按压蓝色解锁按钮，推回硬币模块	—	—	—				
		4. 输入1元硬币补币数： (1) 在"主菜单"，选择"1 运营服务"； (2) 选择"1 补充硬币A"； (3) 输入补币数量500，按F1键加币		4. 未输入1元硬币补币数或补币数错误，扣20分					

续上表

序号	作业程序	作业内容	配分	评分标准	评判结果	小组互评 扣分	小组互评 得分	教师评分 扣分	教师评分 得分
4	注销退出	1. 注销退出： （1）按 Esc 键返回到主菜单； （2）选择"8 注销退出"，选择"1 确定"	—	1. 未注销退出，扣 10 分	—	—	—	—	—
		2. 关上并锁闭 TVM 维护门（先关上门，再关下门）	—	2. 未关闭维护门，扣 5 分	—	—	—	—	—
		3. 拔出钥匙	—	3. 未拔出钥匙，扣 5 分	—	—	—	—	—
5	确认 TVM 设备正常	确认 TVM 恢复正常服务模式：运营状态显示器显示"服务中"，乘客显示器（触摸屏）处于正常服务模式。 1. 手指：TVM 运营状态显示器、乘客显示器。 2. 口呼：设备恢复正常	20	扣分标准： （1）若设备未恢复正常服务模式，而进行手指口呼，扣 20 分； （2）未手指或手指位置错误，每处扣 5 分，配分 10 分； （3）未口呼或口呼内容错误，扣 10 分； （4）配分 20 分，扣完为止	（ ）				
	合计		40	注：本任务假设另外 60 分为计算机自动评分和语音评分					

评分员签名：　　　　　　　　　　　　　　　　　　　　　　　　　　　　　　　　年　　月　　日

实训心得体会

实训任务 6.12 TVM纸币回收钱箱满的处置

任务情境

TVM 状态显示器显示"服务中/只收硬币";乘客显示屏右上角显示"只收硬币"。

任务要求

能按照 TVM 故障排查表排查故障,进行 TVM 纸币回收钱箱满的处置。

任务发布

指导教师下达任务要求,学生以3人为一小组的形式根据故障现象,排查故障原因,按照岗位角色需求完成相应任务,采用相应任务完成后进行换岗的方法进行任务实施,以保证每位同学适应不同岗位要求。任务完成后进行小组互评和教师评分,并总结心得体会。

任务分组

建议学习者组建学习小组,制订学习计划,共同完成相关任务。

姓 名	学 号	分 工	备注	学习计划
			组长	

任务实施时间

3~5 分钟。

任务准备

TVM 纸币回收钱箱满的故障排查 表 6-32

故障模块	故障现象	故障原因	排查方法
纸币模块	TVM 运营状态显示器显示"服务中/只收硬币",乘客显示器显示"只收硬币"	纸币回收钱箱满	1. 使用 TVM 维护门钥匙(1号)打开 TVM 维护门下门和上门
			2. 查看状态提示: (1)在维护面板输入账号、密码后,点击 Enter 键登录; (2)状态栏提示"纸币回收钱箱:满"
			3. 打开纸币回收钱箱,确认纸币回收钱箱是否有纸币: (1)按压蓝色解锁按钮,拉出纸币模块; (2)使用纸币钱箱安全钥匙(6号)打开纸币回收钱箱安全锁,拿出纸币回收钱箱,拔出钥匙; (3)使用纸币钱箱钥匙(7号)打开纸币回收钱箱,发现纸币回收钱箱满

TVM 纸币回收钱箱满的处置流程 表 6-33

序号	作业程序	作业内容
1	排查故障	按照 TVM 故障排查表排查故障

续上表

序号	作业程序	作业内容
2	确认故障	1. 手指：纸币回收钱箱 2. 口呼：纸币回收钱箱满，更换纸币回收钱箱
3	更换纸币回收钱箱	1. 安装新纸币回收钱箱： （1）将满的纸币回收钱箱箱盖锁上，并拔出钥匙； （2）将空的纸币回收钱箱安装到位 2. 按压蓝色解锁按钮，推回纸币模块 3. 清零纸币回收钱箱： （1）在"主菜单"选择"1 运营服务"； （2）选择"6 更换纸币回收钱箱"； （3）输入账号、密码，点击 Enter 键进行纸币钱箱登录； （4）按 F1 键，开始更换； （5）选择"2 更换结束"
4	注销退出	1. 注销退出： （1）按 Esc 键返回到主菜单； （2）选择"8 注销退出"，选择"1 确定" 2. 关上并锁闭 TVM 维护门（先关上门，再关下门） 3. 拔出钥匙
5	确认设备恢复正常	确认 TVM 恢复正常服务模式：运营状态显示器显示"服务中"，乘客显示器（触摸屏）处于正常服务模式。 1. 手指：TVM 运营状态显示器、乘客显示器。 2. 口呼：设备恢复正常

任务实施与评价

TVM 纸币回收钱箱满的处置任务实施与评价　　　　　　　　　　　　　表 6-34

序号	作业程序	作业内容	配分	评分标准	评判结果	小组互评		教师评分	
						扣分	得分	扣分	得分
1	排查故障	按照 TVM 故障排查表排查故障	—	—	—	—	—	—	—
2	确认故障	1. 手指：纸币回收钱箱	10	1. 未手指或手指位置错误，扣 10 分	( )				
		2. 口呼：纸币回收钱箱满，更换纸币回收钱箱	10	2. 未口呼或口呼内容错误，扣 10 分	( )				
3	更换纸币回收钱箱	1. 安装新纸币回收钱箱： （1）将满的纸币回收钱箱箱盖锁上，并拔出钥匙； （2）将空的纸币回收钱箱安装到位	—	1. 扣分标准： （1）未将满的纸币回收钱箱箱盖锁上，扣 5 分； （2）未拔出钥匙，扣 5 分； （3）未将空纸币回收钱箱装到位，扣 10 分	—				
		2. 按压蓝色解锁按钮，推回纸币模块	—	—	—				
		3. 清零纸币回收钱箱： （1）在"主菜单"选择"1 运营服务"； （2）选择"6 更换纸币回收钱箱"； （3）输入账号、密码，点击 Enter 键进行纸币钱箱登录； （4）按 F1 键，开始更换； （5）选择"2 更换结束"	—	3. 未清零纸币回收钱箱，扣 20 分	—				

续上表

序号	作业程序	作 业 内 容	配分	评 分 标 准	评判结果	小组互评 扣分	小组互评 得分	教师评分 扣分	教师评分 得分
4	注销退出	1.注销退出： (1)按Esc键返回到主菜单； (2)选择"8 注销退出"，选择"1 确定"	—	1.未注销退出，扣10分	—	—	—	—	—
		2.关上并锁闭TVM维护门(先关上门，再关下门)	—	2.未关闭维护门，扣5分	—	—	—	—	—
		3.拔出钥匙	—	3.未拔出钥匙，扣5分	—	—	—	—	—
5	确认设备恢复正常	确认TVM恢复正常服务模式：运营状态显示器显示"服务中"，乘客显示器(触摸屏)处于正常服务模式。 1.手指：TVM运营状态显示器、乘客显示器。 2.口呼：设备恢复正常	20	扣分标准： (1)若设备未恢复正常服务模式，而进行手指口呼，扣20分； (2)未手指或手指位置错误，每处扣5分，配分10分； (3)未口呼或口呼内容错误，扣10分； (4)配分20分，扣完为止	( )				
	合计		40	注：本任务假设另外60分为计算机自动评分和语音评分					

评分员签名：　　　　　　　　　　　　　　　　　　　　　　　　　　　　　　　　　年　　月　　日

实训心得体会

实训任务 6.13 TVM纸币回收钱箱未清零的处置

📖 任务情境

TVM运营状态显示器显示"服务中/只收硬币";乘客显示器右上角显示"只收硬币"。

📓 任务要求

按照TVM故障排查表排查故障,进行TVM纸币回收钱箱未清零的处置。

📚 任务发布

指导教师下达任务要求,学生以3人为一小组的形式根据故障现象,排查故障原因,按照岗位角色需求完成相应任务,采用相应任务完成后进行换岗的方法进行任务实施,以保证每位同学适应不同岗位要求。任务完成后进行小组互评和教师评分,并总结心得体会。

💾 任务分组

建议学习者组建学习小组,制订学习计划,共同完成相关任务。

姓 名	学 号	分 工	备 注	学 习 计 划
			组长	

🍎 任务实施时间

3~5分钟。

📖 任务准备

TVM纸币回收钱箱未清零的故障排查   表6-35

故障模块	故障现象	故障原因	排查方法
纸币模块	TVM运营状态显示器显示"服务中/只收硬币",乘客显示器显示"只收硬币"	纸币回收钱箱未清零	1. 使用TVM维护门钥匙(1号)打开TVM维护门下门和上门
			2. 查看状态提示: (1)在维护面板输入账号、密码后,点击Enter键登录; (2)状态栏提示"纸币回收钱箱:满"
			3. 打开纸币回收钱箱,确认纸币回收钱箱是否有纸币: (1)按压蓝色解锁按钮,拉出纸币模块; (2)使用纸币钱箱安全钥匙(6号)打开纸币回收钱箱安全锁,拿出纸币回收钱箱,拔出钥匙; (3)使用纸币钱箱钥匙(7号)打开纸币回收钱箱,发现纸币回收钱箱中无纸币

TVM纸币回收钱箱未清零的处置流程   表6-36

序号	作业程序	作业内容
1	排查故障	按照TVM故障排查表排查故障

续上表

序号	作业程序	作业内容
2	确认故障	1. 手指:纸币回收钱箱
		2. 口呼:纸币回收钱箱未清零,清零纸币回收钱箱
3	更换纸币回收钱箱	1. 重新装入纸币回收钱箱: (1)将纸币回收钱箱箱盖重新锁上,并拔出钥匙; (2)将纸币回收钱箱安装到位
		2. 按压蓝色解锁按钮,推回纸币模块
		3. 清零纸币回收钱箱: (1)在"主菜单"选择"1 运营服务"; (2)选择"6 更换纸币回收钱箱"; (3)输入账号、密码,点击 Enter 键进行纸币钱箱登录; (4)按 F1 键,开始更换; (5)选择"2 更换结束"
4	注销退出	1. 注销退出: (1)按 Esc 键返回到主菜单; (2)选择"8 注销退出",选择"1 确定"
		2. 关上并锁闭 TVM 维护门(先关上门,再关下门)
		3. 拔出钥匙
5	确认设备恢复正常	确认 TVM 恢复正常服务模式:运营状态显示器显示"服务中",乘客显示器(触摸屏)处于正常服务模式。 1. 手指:TVM 运营状态显示器、乘客显示器。 2. 口呼:设备恢复正常

任务实施与评价

TVM 纸币回收钱箱未清零的处置任务实施与评价

表 6-37

序号	作业程序	作业内容	配分	评分标准	评判结果	小组互评 扣分	小组互评 得分	教师评分 扣分	教师评分 得分
1	排查故障	按照 TVM 故障排查表排查故障	—	—	—				
2	确认故障	1. 手指:纸币回收钱箱	10	1. 未手指或手指位置错误,扣 10 分	( )				
		2. 口呼:纸币回收钱箱未清零,清零纸币回收钱箱	10	2. 未口呼或口呼内容错误,扣 10 分	( )				
3	更换纸币回收钱箱	1. 重新装入纸币回收钱箱: (1)将纸币回收钱箱箱盖重新锁上,并拔出钥匙; (2)将纸币回收钱箱安装到位	—	1. 扣分标准: (1)未将纸币回收钱箱箱盖锁上,扣 5 分; (2)未拔出钥匙,扣 5 分; (3)未将纸币回收钱箱装到位,扣 10 分; (4)配分 20 分	—	—		—	
		2. 按压蓝色解锁按钮,推回纸币模块	—	—	—				
		3. 清零纸币回收钱箱: (1)在"主菜单"选择"1 运营服务"; (2)选择"6 更换纸币回收钱箱"; (3)输入账号、密码,点击 Enter 键进行纸币钱箱登录; (4)按 F1 键,开始更换; (5)选择"2 更换结束"	—	3. 未清零纸币回收钱箱,扣 20 分					

续上表

序号	作业程序	作业内容	配分	评分标准	评判结果	小组互评		教师评分	
						扣分	得分	扣分	得分
4	注销退出	1.注销退出： (1)按Esc键返回到主菜单； (2)选择"8 注销退出"，选择"1 确定"	—	1.未注销退出，扣10分	—	—	—	—	—
		2.关上并锁闭TVM维护门(先关上门，再关下门)	—	2.未关闭维护门，扣5分	—	—	—	—	—
		3.拔出钥匙	—	3.未拔出钥匙，扣5分	—	—	—	—	—
5	确认设备恢复正常	确认TVM恢复正常服务模式：运营状态显示器显示"服务中"，乘客显示器(触摸屏)处于正常服务模式。 1.手指：TVM运营状态显示器、乘客显示器。 2.口呼：设备恢复正常	20	扣分标准： (1)若设备未恢复正常服务模式，而进行手指口呼，扣20分； (2)未手指或手指位置错误，每处扣5分，配分10分； (3)未口呼或口呼内容错误，扣10分； (4)配分20分，扣完为止	( )				
	合计		40	注：本任务假设另外60分为计算机自动评分和语音评分					

评分员签名：　　　　　　　　　　　　　　　　　　　　　　　　　　　年　　月　　日

实训心得体会

活页 6-53

实训任务 6.14 TVM纸币回收单元卡纸币的处置

任务情境
TVM运营状态显示器显示"服务中/只收硬币";乘客显示器右上角显示"只收硬币"。

任务要求
能按照TVM故障排查表排查故障,进行TVM纸币回收单元卡纸币的处置。

任务发布
指导教师下达任务要求,学生以3人为一小组的形式根据故障现象,排查故障原因,按照岗位角色需求完成相应任务,采用相应任务完成后进行换岗的方法进行任务实施,以保证每位同学适应不同岗位要求。任务完成后进行小组互评和教师评分,并总结心得体会。

任务分组
建议学习者组建学习小组,制订学习计划,共同完成相关任务。

姓 名	学 号	分 工	备注	学 习 计 划
			组长	

任务实施时间
3~5分钟。

任务准备

TVM纸币回收单位卡纸币的故障排查　　　　　　　　　　　　　　　　　　表6-38

故障模块	故障现象	故障原因	排 查 方 法
纸币模块	TVM运营状态显示器显示"服务中/只收硬币",乘客显示器显示"只收硬币"	纸币回收单元卡纸币	1. 使用TVM维护门钥匙(1号)打开TVM维护门下门和上门
			2. 查看状态提示: (1)在维护面板输入账号、密码后,点击Enter键登录; (2)状态栏提示"纸币回收单元:异常"
			3. 打开纸币回收钱箱,确认纸币回收钱箱是否有纸币: (1)按压蓝色解锁按钮,拉出纸币模块; (2)发现卡纸币

TVM纸币回收单元卡纸币的处置流程　　　　　　　　　　　　　　　　　　表6-39

序号	作业程序	作 业 内 容
1	排查故障	按照TVM故障排查表排查故障
2	确认故障	1. 手指:卡纸币
		2. 口呼:纸币回收单元卡纸币,清除纸币

续上表

序号	作业程序	作业内容
3	清除卡币	1. 转动传送转轮,将纸币退回 2. 按压蓝色解锁按钮,推回纸币模块 3. 复位: (1) 在"主菜单"中选择"3 部件维护"; (2) 在"部件维护"中,选择"4 纸币模块"; (3) 在"纸币模块"中选择"3 部件测试"; (4) 在"部件测试"中选择"7 复位"
4	注销退出	1. 注销退出: (1) 按 Esc 键返回到主菜单; (2) 选择"8 注销退出",选择"1 确定" 2. 关上并锁闭 TVM 维护门(先关上门,再关下门) 3. 拔出钥匙
5	确认设备恢复正常	确认 TVM 恢复正常服务模式:运营状态显示器显示"服务中",乘客显示器(触摸屏)处于正常服务模式。 1. 手指:TVM 运营状态显示器、乘客显示器。 2. 口呼:设备恢复正常

任务实施与评价

TVM 纸币回收单元卡纸币的处置任务实施与评价 表6-40

序号	作业程序	作业内容	配分	评分标准	评判结果	小组互评 扣分	小组互评 得分	教师评分 扣分	教师评分 得分
1	排查故障	按照 TVM 故障排查表排查故障	—	—	—	—	—	—	—
2	确认故障	1. 手指:卡纸币	10	1. 未手指或手指位置错误,扣10分	( )				
2	确认故障	2. 口呼:纸币回收单元卡纸币,清除纸币	10	2. 未口呼或口呼内容错误,扣10分	( )				
3	清除卡币	1. 转动传送转轮,将纸币退回	—	1. 未将卡币取出,扣20分	—	—	—	—	—
3	清除卡币	2. 按压蓝色解锁按钮,推回纸币模块	—		—	—	—	—	—
3	清除卡币	3. 复位: (1) 在"主菜单"中选择"3 部件维护"; (2) 在"部件维护"中,选择"4 纸币模块"; (3) 在"纸币模块"中选择"3 部件测试"; (4) 在"部件测试"中选择"7 复位"	—	3. 未将纸币模块复位,扣20分	—	—	—	—	—
4	注销退出	1. 注销退出: (1) 按 Esc 键返回到主菜单; (2) 选择"8 注销退出",选择"1 确定"	—	1. 未注销退出,扣10分	—	—	—	—	—
4	注销退出	2. 关上并锁闭 TVM 维护门(先关上门,再关下门)	—	2. 未关闭维护门,扣5分	—	—	—	—	—
4	注销退出	3. 拔出钥匙	—	3. 未拔出钥匙,扣5分	—	—	—	—	—

活页 6-56

续上表

序号	作业程序	作业内容	配分	评分标准	评判结果	小组互评 扣分	小组互评 得分	教师评分 扣分	教师评分 得分
5	确认设备恢复正常	确认TVM恢复正常服务模式:运营状态显示器显示"服务中",乘客显示器(触摸屏)处于正常服务模式。 1. 手指:TVM运营状态显示器、乘客显示器。 2. 口呼:设备恢复正常	20	扣分标准: (1)若设备未恢复正常服务模式,而进行手指口呼,扣20分; (2)未手指或手指位置错误,每处扣5分,配分10分; (3)未口呼或口呼内容错误,扣10分; (4)配分20分,扣完为止	( )				
	合计		40	注:本任务假设另外60分为计算机自动评分和语音评分					

评分员签名: 　　　　　　　　　　　　　　　　　　　　　　　年　　月　　日

实训心得体会

实训任务 6.15 TVM纸币找零补币钱箱空的处置

📚 任务情境

TVM 运营状态显示器显示"服务中";乘客显示器右上角显示"只硬币找零"。

📖 任务要求

能按照 TVM 故障排查表排查故障,进行 TVM 纸币找零补币钱箱空的处置。

📖 任务发布

指导教师下达任务要求,学生以 3 人为一小组的形式根据故障现象,排查故障原因,按照岗位角色需求完成相应任务,采用相应任务完成后进行换岗的方法进行任务实施,以保证每位同学适应不同岗位要求。任务完成后进行小组互评和教师评分,并总结心得体会。

 任务分组

建议学习者组建学习小组,制订学习计划,共同完成相关任务。

姓　名	学　号	分　工	备注	学习计划
			组长	

🍎 任务实施时间

3～5 分钟。

📖 任务准备

TVM 纸币找零补币钱箱空的故障排查流程　　　　　　　　　　　　　　　　表 6-41

故障模块	故障现象	故障原因	排查方法
纸币模块	TVM 运营状态显示器显示"服务中",乘客显示器显示"只硬币找零"	纸币找零补币钱箱空	1. 使用 TVM 维护门钥匙(1 号)打开 TVM 维护门下门和上门
			2. 查看状态提示: (1) 在维护面板输入账号、密码后,点击 Enter 键登录; (2) 状态栏提示"5 元找零钱箱:空,10 元找零钱箱:空"
			3. 打开 5 元找零钱箱、10 元找零钱箱,确认 5 元找零钱箱、10 元找零钱箱是否有纸币: (1) 按压蓝色解锁按钮,拉出纸币模块; (2) 使用纸币钱箱安全钥匙(6 号)打开纸币找零钱箱安全锁,取出 5 元找零钱箱,取出 10 元找零钱箱,拔出钥匙; (3) 使用纸币钱箱钥匙(7 号)打开 5 元找零钱箱,发现钱箱中无纸币; (4) 使用纸币钱箱钥匙(7 号)打开 10 元找零钱箱,发现钱箱中无纸币

TVM 纸币找零补币钱箱空的处置流程　　　　　　　　　　　　　　　　表 6-42

序号	作业程序	作业内容
1	排查故障	按照 TVM 故障排查表排查故障

活页 6-59

续上表

序号	作业程序	作业内容
2	确认故障	1. 手指:5元找零钱箱、10元找零钱箱
		2. 口呼:找零钱箱空,补充纸币
3	补充纸币	1. 将空的5元找零钱箱箱盖、空的10元找零钱箱箱盖锁上,并拔出钥匙
		2. 装入满的5元找零钱箱、10元找零钱箱: (1) 将装满5元纸币的5元找零钱箱安装到位; (2) 将装满10元纸币的10元找零钱箱安装到位
		3. 按压蓝色解锁按钮,推回纸币模块
		4. 输入补币数: (1) 在"主菜单",选择"1 运营服务"; (2) 选择"8 补充5元纸币"; (3) 输入补币数量500,按F1键加币; (4) 按Esc键返回到"运营服务"界面,选择"9 补充10元纸币"; (5) 输入补币数量500,按F1键加币
4	注销退出	1. 注销退出: (1) 按Esc键返回到主菜单; (2) 选择"8 注销退出",选择"1 确定"
		2. 关上并锁闭TVM维护门(先关上门,再关下门)
		3. 拔出钥匙
5	确认TVM设备正常	确认TVM恢复正常服务模式:运营状态显示器显示"服务中",乘客显示器(触摸屏)处于正常服务模式。 1. 手指:TVM运营状态显示器、乘客显示器。 2. 口呼:设备恢复正常

任务实施与评价

TVM纸币找零补币钱箱空的处置任务实施与评价　　表6-43

序号	作业程序	作业内容	配分	评分标准	评判结果	小组互评 扣分	小组互评 得分	教师评分 扣分	教师评分 得分
1	排查故障	按照TVM故障排查表排查故障	—	—	—	—	—	—	—
2	确认故障	1. 手指:5元找零钱箱、10元找零钱箱	10	1. 未手指或手指位置错误,每处扣5分,配分10分	( )				
		2. 口呼:找零钱箱空,补充纸币	10	2. 未口呼或口呼内容错误,扣10分	( )				
3	补充纸币	1. 将空的5元找零钱箱箱盖、空的10元找零钱箱箱盖锁上,并拔出钥匙	—	1. 扣分标准: (1) 未将空的5元找零钱箱箱盖锁上,扣4分; (2) 未将空的10元找零钱箱箱盖锁上,扣4分; (3) 未拔出钥匙,扣4分; (4) 配分12分	—	—	—	—	—
		2. 装入满的5元找零钱箱、10元找零钱箱: (1) 将装满5元纸币的5元找零钱箱安装到位; (2) 将装满10元纸币的10元找零钱箱安装到位		2. 未将5元和10元找零钱箱安装到位,扣10分					

续上表

序号	作业程序	作业内容	配分	评分标准	评判结果	小组互评 扣分	小组互评 得分	教师评分 扣分	教师评分 得分
3	补充纸币	3.按压蓝色解锁按钮,推回纸币模块	—	—	—	—	—	—	—
		4.输入补币数: (1)在"主菜单",选择"1 运营服务"; (2)选择"8 补充 5 元纸币"; (3)输入补币数量 500,按 F1 键加币; (4)按 Esc 键返回到"运营服务"界面,选择"9 补充 10 元纸币"; (5)输入补币数量 500,按 F1 键加币	—	4.扣分标准: (1)未输入 5 元补币数,或补币数错误,扣 10 分; (2)未输入 10 元补币数,或补币数错误,扣 10 分; (3)配分 20 分					
4	注销退出	1.注销退出: (1)按 Esc 键返回到主菜单; (2)选择"8 注销退出",选择"1 确定"	—	1.未注销退出,扣 10 分	—	—	—	—	—
		2.关上并锁闭 TVM 维护门(先关上门,再关下门)	—	2.未关闭维护门,扣 5 分	—	—	—	—	—
		3.拔出钥匙	—	3.未拔出钥匙,扣 5 分	—	—	—	—	—
5	确认 TVM 设备正常	确认 TVM 恢复正常服务模式:运营状态显示器显示"服务中",乘客显示器(触摸屏)处于正常服务模式。 1.手指:TVM 运营状态显示器、乘客显示器。 2.口呼:设备恢复正常	20	扣分标准: (1)若设备未恢复正常服务模式,而进行手指口呼,扣 20 分; (2)未手指或手指位置错误,每处扣 5 分,配分 10 分; (3)未口呼或口呼内容错误,扣 10 分; (4)配分 20 分,扣完为止	( )				
	合计		40	注:本任务假设另外 60 分为计算机自动评分和语音评分					

评分员签名:　　　　　　　　　　　　　　　　　　　　　　　　　　年　　月　　日

实训心得体会

实训任务 6.16 TVM未输入纸币补币数的处置

任务情境
TVM 运营状态显示器显示"服务中";乘客显示器右上角显示"只硬币找零"。

任务要求
能按照 TVM 故障排查表排查故障,进行 TVM 未输入纸币补币数的处置。

任务发布
指导教师下达任务要求,学生以 3 人为一小组的形式根据故障现象,排查故障原因,按照岗位角色需求完成相应任务,采用相应任务完成后进行换岗的方法进行任务实施,以保证每位同学适应不同岗位要求。任务完成后进行小组互评和教师评分,并总结心得体会。

任务分组
建议学习者组建学习小组,制订学习计划,共同完成相关任务。

姓　名	学　号	分　工	备注	学习计划
			组长	

任务实施时间
3~5 分钟。

任务准备

TVM 未输入纸币补币数的故障排查　　　　　　　　　　　　　　　　表 6-44

故障模块	故障现象	故障原因	排 查 方 法
纸币模块	TVM 运营状态显示器显示"服务中",乘客显示器显示"只硬币找零"	未输入纸币补币数	1. 使用 TVM 维护门钥匙(1 号)打开 TVM 维护门下门和上门
			2. 查看状态提示: (1)在维护面板输入账号、密码后,点击 Enter 键登录; (2)状态栏提示"5 元找零钱箱:空,10 元找零钱箱:空"
			3. 打开 5 元找零钱箱、10 元找零钱箱,确认 5 元找零钱箱、10 元找零钱箱是否有纸币: (1)按压蓝色解锁按钮,拉出纸币模块; (2)使用纸币钱箱安全钥匙(6 号)打开纸币找零钱箱安全锁,取出 5 元找零钱箱,取出 10 元找零钱箱,拔出钥匙; (3)使用纸币钱箱钥匙(7 号)打开 5 元找零钱箱,发现钱箱中有纸币; (4)使用纸币钱箱钥匙(7 号)打开 10 元找零钱箱,发现钱箱中有纸币

TVM 未输入纸币补币数的处置流程　　　　　　　　　　　　　　　　表 6-45

序号	作业程序	作业内容
1	排查故障	按照 TVM 故障排查表排查故障

续上表

序号	作业程序	作业内容
2	确认故障	1. 手指：10元找零补币钱箱
		2. 口呼：未输入补币数，现输入补币数
3	补充纸币	1. 锁上5元找零钱箱箱盖、10元找零钱箱箱盖，并拔出钥匙
		2. 重新装入5元找零钱箱、10元找零钱箱
		3. 按压蓝色解锁按钮，推回纸币模块
		4. 输入补币数： (1) 在"主菜单"，选择"1运营服务"； (2) 选择"8补充5元纸币"； (3) 输入补币数量500，按F1键加币； (4) 按Esc键返回到"运营服务"界面，选择"9补充10元纸币"； (5) 输入补币数量500，按F1键加币
4	注销退出	1. 注销退出： (1) 按Esc键返回到主菜单； (2) 选择"8注销退出"，选择"1确定"
		2. 关上并锁闭TVM维护门（先关上门，再关下门）
		3. 拔出钥匙
5	确认TVM设备正常	确认TVM恢复正常服务模式：运营状态显示器显示"服务中"，乘客显示器（触摸屏）处于正常服务模式。 1. 手指：TVM运营状态显示器、乘客显示器。 2. 口呼：设备恢复正常

任务实施与评价

TVM未输入纸币补币数的处置任务实施与评价　　　　表6-46

序号	作业程序	作业内容	配分	评分标准	评判结果	小组互评 扣分	小组互评 得分	教师评分 扣分	教师评分 得分
1	排查故障	按照TVM故障排查表排查故障	—	—	—	—	—	—	—
2	确认故障	1. 手指：10元找零补币钱箱	10	1. 未手指或手指位置错误，扣10分	( )				
		2. 口呼：未输入补币数，现输入补币数	10	2. 未口呼或口呼内容错误，扣10分	( )				
3	补充纸币	1. 锁上5元找零钱箱箱盖、10元找零钱箱箱盖，并拔出钥匙	—	1. 扣分标准： (1) 未将5元找零钱箱箱盖锁上，扣4分； (2) 未将10元找零钱箱箱盖锁上，扣4分； (3) 未拔出钥匙，扣4分； (4) 配分12分	—				
		2. 重新装入5元找零钱箱、10元找零钱箱		2. 未将5元和10元找零钱箱安装到位，扣10分					
		3. 按压蓝色解锁按钮，推回纸币模块		—					
		4. 输入补币数： (1) 在"主菜单"，选择"1运营服务"； (2) 选择"8补充5元纸币"； (3) 输入补币数量500，按F1键加币；		4. 扣分标准： (1) 未输入5元补币数，或补币数错误，扣10分； (2) 未输入10元补币数，或补币数错误，扣10分； (3) 配分20分					

续上表

序号	作业程序	作业内容	配分	评分标准	评判结果	小组互评 扣分	小组互评 得分	教师评分 扣分	教师评分 得分
3	补充纸币	(4)按 Esc 键返回到"运营服务"界面,选择"9 补充 10 元纸币"; (5)输入补币数量 500,按 F1 键加币	—		—	—	—	—	—
4	注销退出	1.注销退出: (1)按 Esc 键返回到主菜单; (2)选择"8 注销退出",选择"1 确定"	—	1.未注销退出,扣 10 分	—	—	—	—	—
		2.关上并锁闭 TVM 维护门(先关上门,再关下门)	—	2.未关闭维护门,扣 5 分	—	—	—	—	—
		3.拔出钥匙	—	3.未拔出钥匙,扣 5 分	—	—	—	—	—
5	确认 TVM 设备正常	确认 TVM 恢复正常服务模式:运营状态显示器显示"服务中",乘客显示器(触摸屏)处于正常服务模式。 1.手指:TVM 运营状态显示器、乘客显示器。 2.口呼:设备恢复正常	20	扣分标准: (1)若设备未恢复正常服务模式,而进行手指口呼,扣 20 分; (2)未手指或手指位置错误,每处扣 5 分,配分 10 分; (3)未口呼或口呼内容错误,扣 10 分; (4)配分 20 分,扣完为止	( )				
	合计		40	注:本任务假设另外 60 分为计算机自动评分和语音评分					

评分员签名:　　　　　　　　　　　　　　　　　　　　　　　　　　　　　年　　月　　日

实训心得体会

参考文献

[1] 操杰,王亮.城市轨道交通行车组织[M].北京:人民交通出版社股份有限公司,2020.
[2] 俞菊红,茅小海.行车组织实训[M].杭州:浙江工商大学出版社,2020.
[3] 俸毅.城市轨道交通票务管理[M].山东:中国石油大学出版社,2020.
[4] 宁波市轨道交通集团有限公司.员工岗位技能培训系列教材——站务专业(初级)[M].成都:西南交通大学出版社,2019.